A depressão no ambiente de trabalho: Prevenção e gestão de pessoas

Um estudo sobre as empresas contemporâneas a luz do Judiciário Federal

BRUNO FARAH

Psicanalista, Doutor em Teoria Psicanalítica (UFRJ/Université Denis Diderot — Paris 7). Atua como Psicólogo do setor de Saúde no Tribunal Regional Federal da 2ª Região. Pesquisador do Núcleo de Estudos em Psicanálise e Clínica da Contemporaneidade (NEPECC/UFRJ) de 2009 a 2014. Autor de vários artigos especializados.

A depressão no ambiente de trabalho: Prevenção e gestão de pessoas

Um estudo sobre as empresas contemporâneas a luz do Judiciário Federal

EDITORA LTDA.

© Todos os direitos reservados

Rua Jaguaribe, 571
CEP 01224-003
São Paulo, SP — Brasil
Fone (11) 2167-1101
www.ltr.com.br
Janeiro, 2016

versão impressa — LTr 5368.9 — ISBN 978-85-361-8635-1
versão digital   — LTr 8857.9 — ISBN 978-85-361-8698-6

Dados Internacionais de Catalogação na Publicação (CIP)
(Câmara Brasileira do Livro, SP, Brasil)

Farah, Bruno

A depressão no ambiente de trabalho : prevenção e gestão de pessoas : um estudo sobre as empresas contemporâneas a luz do Judiciário Federal / Bruno Farah. — São Paulo : LTr, 2016.

Bibliografia.

1. Administração de pessoal 2. Ambiente de trabalho 3. Depressão mental 4. Doenças profissionais 5. Psicologia industrial I. Título.

15-08373   CDD-158.7

Índices para catálogo sistemático:

1. Depressão no ambiente de trabalho :
   Psicologia organizacional   158.7

Agradecimentos

Ao Dimas, primeiro leitor, pela leitura atenta, pelas sugestões valiosas para o texto e belíssimo posfácio. Por sua incomum disponibilidade, de que só os verdadeiros amigos são capazes. Por ter nos ajudado a criar sentidos novos no trabalho, sobretudo o de estarmos realmente juntos a cada projeto. A DISAU ficou melhor com você.

Ao Dr. William Douglas, pelo generoso e esmerado prefácio, encarnando a prova viva do conceito de motivação intrínseca discutido neste livro: pessoas engajadas e que acreditam num projeto "sempre encontram tempo".

Ao Gastal, pela carinhosa, atenta e precisa apresentação, e a certeza de que esta parceria apenas se inicia.

Aos meus queridos estagiários que, desde 2011, ajudaram a criar o curso que deu origem a este livro. Muito obrigado pela troca estimulante de todos os dias: Diego, Pedro, Diogo, Hellen, Érika, Karen, Vitor, Breno e Gabi. E aos anteriores, por tudo o que aprendemos juntos.

Aos amigos do NEPECC, pela pesquisa e discussão dos nossos casos compartilhados, sem as quais este livro não teria nascido.

Aos colegas da DISAU, em especial à Tati, quem, desde o início, me ajudou a inventar e ocupar o, antes, estranho e, hoje, fascinante lugar de psicólogo do trabalho. E à Sheyla, pela troca de ideias e revisão ortográfica generosa.

À minha família, por tudo e pela torcida de sempre. Ao Ricardo, pelo incentivo carinhoso desde o início desta aventura. Ao Leo, pelo privilégio da parceria de tantos anos, inclusive intelectual.

Ao TRF2, por acolher minha proposta de ministrar o curso que deu origem a este livro. Igualmente, à Escola de Magistratura Federal/EMARF e à SJES, por apostarem na relevância do tema.

Aos pacientes do meu consultório particular, servidores e alunos da Justiça Federal. Sem eles, este livro não teria o menor sentido.

A Sarah Farah, minha avó, à quem dedico este livro.

Sumário

Apresentação — *Fernando Gastal de Castro* 11

Prefácio — *William Douglas* 15

Introdução 19

PARTE 1
A DEPRESSÃO NO AMBIENTE DE TRABALHO

Capítulo 1
Tristeza não é Depressão 33
Delimitando o problema: a ênfase ao sintoma individual e a desconsideração pelo contexto social no tratamento da depressão 33
Por que discutir as diferenças entre tristeza e depressão no trabalho? 37
A positividade da tristeza na Psicanálise 40
Duas formas distintas de direção do tratamento da depressão em psiquiatria 42

Capítulo 2
Do Dever da Neurose à Dívida da Depressão 45
O declínio da autoridade simbólica na contemporaneidade 46
Do neurótico que eu sou à depressão que eu tenho 48
Responsabilidade pelo que se tem e pelo que não se tem 50
Do dever de obedecer ao ser capaz de fazer 51
Nem sempre a insônia nos convence de que o céu faz tudo ficar infinito ... 53
Ser você mesmo? 55

Capítulo 3
Gestão por Competências ou da Insuficiência? 57
Vergonha e depressão 58

A Gestão por Competências e a primazia do ideal do ego na contemporaneidade ... 60
O Poder sem autoridade, culpa ou lei 63
Gestão da intimidade e nudez psíquica 64
O presente nu 67

Capítulo 4
VOLTANDO AO TRABALHO, ELE MELHORA 69

Tanto o gestor como o funcionário 69
Mais ação? 71
Felicidade, saúde ou apenas iniciativa? 74
O que revelam os sintomas depressivos elevados a mal-estar social? 76
Protegendo o contexto estressor 77

PARTE 2
PREVENÇÃO E GESTÃO DE PESSOAS

Capítulo 5
O QUE NOS COLOCA EM AÇÃO 81

O que te move? 83
Nem sempre *time's money* 85
Motivação intrínseca individual e social 87
O Portal ComParTrilhando: os impasses da conexão 90
A competência capturada 91

Capítulo 6
O ADVENTO DA NOÇÃO DE AUTONOMIA NA MODERNIDADE E SEUS PARADOXOS .. 96

A ação humana subjugada 98
Os anões e o gigante: a autoridade disciplinar submetendo a liberdade da ação ... 99
A inversão de Bacon e Descartes 100
Quem dá a medida da ação humana? 102

Capítulo 7
A AUTONOMIA CAPTURADA: IMPASSES DO GERENCIALISMO CONTEMPORÂNEO. 105

Gestão de pessoas sem competências? 105
Impasses na gestão do sentido de autonomia e competência 106
O discurso paradoxal da Organização 111
Patologia ou violência? 113

Capítulo 8
A Promoção de Saúde como Dispositivo Estratégico para a Gestão de Pessoas... 116
A escuta do clima organizacional 116
A perspectiva paradigmática da cultura organizacional 117
A perspectiva pragmática da cultura organizacional............................... 120
Da autonomia capturada à autonomia compartilhada 125
Para um novo paradigma organizacional 128
Considerações finais (ou quem tem medo do conflito?)........................... 131

Referências Bibliográfica... 135

Posfácio — *Dimas Soares Gonçalves* 139

APRESENTAÇÃO

Foi com muita satisfação que terminei a leitura do livro de Bruno Farah. *Depressão no Ambiente de Trabalho: prevenção e gestão de pessoas* apresenta-se como uma reflexão lúcida, crítica e comprometida com a necessária transformação do atual estado do mundo do trabalho e das organizações. Lúcida à medida que consegue desvelar a complexidade de fatores envolvidos no problema da depressão ligado ao ambiente de trabalho, não se deixando capturar por qualquer tipo de simplificação enganosa do real. Crítica, pois consegue questionar aquelas abordagens psiquiatrizantes e psicologizantes que mais contribuem para a produção e agravamento da depressão no trabalho do que para sua solução. Uma reflexão, além do mais, comprometida com a transformação das organizações naquilo que elas apresentam de mais patogênico e perverso, qual seja, a individualização do problema e a consequente perda da dimensão coletiva.

Por tais razões o presente trabalho mostra-se na contramão de grande parte das publicações atuais sobre o tema. Na contramão, por um lado, das tendências medicalizantes e psiquiatrizantes que tendem a explicar o problema do crescimento do fenômeno da depressão única e exclusivamente do ponto de vista nosológio e orgânico. Na contramão, também, dos modismos gerencialistas que buscam mostrar-se como o suprassumo da arte de gerir pessoas, mas que, na verdade, nada mais são do que dispositivos extremamente perversos para todo tipo de sentido verdadeiramente humano do trabalho. É, portanto, na complexidade dialética entre sujeito e organização que se encontra a possibilidade compreensiva do mal-estar no trabalho, bem como, as condições efetivas de seu enfrentamento.

Como, então, compreender o crescimento alarmante da depressão no trabalho nos dias atuais? O que significa o paradoxo da depressão na atualidade no qual o indivíduo aparece, ao mesmo tempo, como objeto e como sujeito do mal-estar? Destaco, neste aspecto, primeiramente, a clareza como o autor trabalha a relação entre a *psiquiatria contemporânea,* que tem seu apogeu com o lançamento do DSM-V, e o *novo gerencialismo,* em especial a Gestão de Pessoas por Competências, que se tornou, infelizmente, sinônimo de uma moderna e racional prática gestionária.

Com relação à tendência psiquiátrica contemporânea expressa pelo novo manual da Associação de Psiquiatria Americana, o que me chamou a atenção foi a capacidade do autor de mostrar como o DSM-V, ao aprofundar o processo que já havia sido desencadeado com o DSM III nos anos oitenta, exclui a historicidade individual, as condições sociais e a categoria do sujeito do conflito na compreensão do mal-estar. A tendência psiquiatrizante atual concentra-se, assim, em uma nosologia puramente estatística e em um individualismo organicista, que somente são úteis para o enriquecimento da indústria farmacêutica, ao passo que danosos enormemente para a vida humana e para a sociedade.

Em especial, chamo a atenção, neste aspecto, para a diferença feita pelo autor entre tristeza e depressão. A primeira definida como um afeto enriquecedor de nossas formas de existir no mundo e a segunda como perda da capacidade de agir do sujeito sobre si e sobre o mundo. Ao mesmo tempo, o trabalho de Bruno Farah não deixa de pôr em evidência como a psiquiatria contemporânea tende a fazer desaparecer tal diferença fundamental, patologizando o sentimento do entristecimento, medicalizando o problema do humor deprimido e obscurecendo as relações entre o sujeito em sofrimento e as determinações desumanas e violentas do mundo do trabalho circundante. A tendência da medicalização dos afetos e da redução do sujeito a um objeto do mal-estar, mostram-se assim, profundamente alienantes em relação às raízes do problema, tanto para aqueles que sofrem quanto para os que trabalham com aqueles que sofrem.

Ao mesmo tempo em que a psiquiatria contemporânea realiza um obscurecimento da realidade social e histórica presente no fenômeno do humor depressivo, que colabora para a reificação do sujeito e para a medicalização do sofrimento, o *novo gerencialismo* opera como um segundo aspecto alienante da sociedade atual capaz de tornar a depressão o mal-estar mais grave de nossa era. "A empresa é a antessala da depressão", sublinha o autor com base no sociólogo francês Alain Ehrenberg — o que isso significa? Por um lado, uma mudança social e histórica fundamental ocorrida no mundo do trabalho, bem como, na cultura do ocidente nos últimos trinta anos. De uma sociedade disciplinar passamos para uma sociedade da *urgência em ser si mesmo,* para a qual os valores de responsabilidade e de iniciativa tornam-se fundamentais: "ser capaz de chegar lá", "de ser proativo", "autônomo", "flexível", "usar múltiplas capacidades" e buscar a "excelência" passaram a fazer parte do discurso hegemônico na sociedade do trabalho deste século.

Porém, indo além da superficialidade do discurso gerencialista, o autor consegue desvelar seu sentido paradoxal: *ser você mesmo* significa no fundo, *ser conforme o ideal organizacional impõe.* Nada mais paradoxal! E quando falamos em paradoxo, é preciso que se assinale seu caráter intrinsecamente produtor de sofrimento e mal-estar, à medida que a busca de realização de si passa necessariamente pela correspondência ao ideal prescrito e, portanto, pelo abandono do próprio desejo e sentido.

Nada mais paradoxal, neste aspecto, e as linhas deste livro o expressam com precisão, que a *Gestão de Pessoas por Competência*, verdadeiro apanágio da gestão de pessoas na atualidade. Ao fomentar e trabalhar para a interiorização dos ideais de responsabilidade, iniciativa e independência, a GPPC é responsável na verdade, pela produção de um *imaginário enganador,* nas palavras de Eugène Enriquez, induzindo a todos, uma ação voluntarista e alienante. As consequências não poderiam ser mais danosas: cresce por todos os lugares, onde tal prática se aplica, o sentimento de insuficiência, de vergonha por não estar a altura, de ser em *déficit* e acumulam-se as experiências de fracasso. A imposição de uma auto-suficiência aparece assim com seu complemento necessário, qual seja, o sentimento de insuficiência; a demanda de autonomia evidencia-se como uma autonomia controlada; e o sujeito do trabalho torna-se, ao fim, o sujeito de um humor depressivo, único e exclusivo responsável pelo seu próprio mal-estar. A ideologia gerencialista contemporânea mostra-se, desta forma, como gerência da performance individual, com seu *bouquêt* de dispositivos perversos de avaliação, de desenvolvimento e de motivação, criadores de um individualismo competitivo e destruidor dos laços coletivos de trabalho. Antevemos, portanto, o outro aspecto do paradoxo da depressão no ambiente de trabalho em nossos dias: o indivíduo não somente reificado pelo discurso psiquiátrico, mas tornado o único responsável por aquilo que o assola em função de um gerencialismo irracional.

 O mundo do trabalho vive, portanto, um momento de profunda captura do *tempo do desejo* pelo *tempo do dinheiro*. Articulando habilmente as noções de motivação intrínseca e extrínseca, o livro de Bruno Farah permite compreender como a lógica organizacional na atualidade, através de seus dispositivos de gestão de pessoas, opera basicamente na captura da autonomia verdadeira e do saber fazer efetivo, à medida que destitui os indivíduos do poder de criar vínculos e laços sociais fundamentais que os permitam desenvolver seu poder de agir. A restrição do existir humano a um modo de ser monetário e quantitativo mostra-se assim a regra. Neste sentido, pela via paradoxal e falaciosa da autonomia prescrita, as atuais organizações de trabalho potencializam ao máximo o *homo oeconomicus* que, como bem sublinha Vincent de Gaulejac, *perde sua vida tentando ganhá-la*.

 A clareza e a lucidez do autor no que diz respeito à compreensão do problema leva-me a considerar outro aspecto que muito me chamou a atenção em sua obra e que diz respeito ao combate e as possibilidades de intervenção no mal-estar em questão. Nesse sentido, este livro é extremamente didático e coerente: se o diagnóstico a respeito da depressão no ambiente de trabalho nos remete à complexidade dos fatores sociais e organizacionais em jogo, se o mal-estar vivido nos remete à trama dos dispositivos gestionários e seus efeitos perversos e se, por fim, o sofrimento individual é revelador de um estado de deterioração dos laços comuns e coletivos, o enfrentamento do problema precisa dar-se na ordem do coletivo do trabalho. É preciso intervir, portanto, na contramão dos mecanismos de gestão que individualizam o trabalho, que criam a competição extremada, produzem uma autonomia enganosa, deterioram as possibilidades de um mundo e de um trabalho comum e conduzem cada vez mais pessoas à vergonhosa situação de não se sentirem à altura. A saúde no trabalho — defende o autor — deve estar no centro da gestão do trabalho. O olhar tanto do gestor como dos profissionais devem voltar-se para as circunstâncias específicas e delas extrair a melhor prática capaz de recuperar o poder de agir dos sujeitos e os laços de reciprocidade coletivos. A gestão precisa ver a abundância de competências e não sua carência, deve ser capaz de promover uma *autonomia compartilhada* e uma *interdependência* entre os sujeitos e não a enganosa autonomia prescrita de uma independência solitária e impotente.

Por fim, destacaria o especial interesse deste trabalho aos estudantes de psicologia e a todos aqueles que padecem com o mal-estar. Bruno Farah endereça seu trabalho fundamentalmente a estes públicos, o que me parece muito adequado. Pois são estes, junto com os especialistas em recursos humanos e os profissionais de saúde, que colocam e colocarão em prática o receituário gestionário e psiquiatrizante de nossa sociedade pós-disciplinar. São esses que, muito além de vítimas e meros técnicos do saber psiquiátrico, psicológico ou gerencial, mostram-se capazes de mudar o rumo das coisas. Recomendo, portanto, que estudantes de psicologia, de psiquiatria e da área de gestão de pessoas, bem como todos aqueles que se sentem concernidos com o mal-estar, leiam este livro, pois tenho certeza que encontrarão uma leitura verdadeira e não enganosa daquilo que ocorre hoje no mundo do trabalho, assim como os ajudarão a pensar diretrizes para um enfrentamento efetivo do problema.

Dr. Fernando Gastal de Castro
Professor de Psicologia do Instituto de Psicologia da UFRJ

Prefácio

Utilizando-se de sua experiência como psicólogo do trabalho, diante da constatação de que as empresas atuais necessitam de um novo paradigma organizacional das relações laborais, por meio do qual possa surgir um modelo relacional numa perspectiva não hierárquica, viabilizando maior autonomia, a permanente produção de sentido no trabalho e o compartilhamento das atividades, concedendo ao empregado poder de agir a partir da organização do seu próprio trabalho, o autor prestou, com a elaboração da presente e preciosa obra, inestimável serviço à Justiça e à sociedade. O tema é de interesse geral e da mais alta relevância, assim como o seu estudo é de leitura obrigatória em razão de seu esmero e profundidade.

Sou um apaixonado por gestão, por pessoas e por concretizar sonhos, fazer funcionar empreendimentos de toda sorte. Não importa se estamos diante do serviço público, da iniciativa privada ou de carreiras pessoais, a verdade é que ninguém evolui — instituição, empresa ou pessoa — sem a participação coletiva.

Aqui se aplica o conceito africano do UBUNTU, que diz que nos tornamos e somos gente através do outro, vivenciando a coletividade.

Uma equipe adoecida e desmotivada é receita para o fracasso de qualquer empreendimento, seja na iniciativa privada ou no serviço público, e a depressão é um dos principais fatores responsáveis, hoje, pelo desequilíbrio e desproporção na atuação dos funcionários de uma instituição.

Que a depressão é um mal que aflige grande parte das pessoas não é propriamente uma novidade, mas seus reflexos no ambiente de trabalho ainda são desconhecidos ou ignorados por grande parte das pessoas, especialmente quando desempenham funções de gerência. A pressão por resultados satisfatórios, pela eficiência das operações e pelo cumprimento de metas, muitas vezes além do alcance humano, leva muitos a desenvolverem transtornos psicológicos que, quando não identificados e tratados, tornam-se destrutivos para toda a equipe.

Como gestor de pessoas — líder de uma das mais produtivas varas federais do país, premiada por seus resultados (que não são do juiz, mas da equipe) — o bem-estar dos meus servidores está sempre no topo da minha lista de preocupações e enxergo com grande otimismo muitas das mudanças que os tribunais têm realizado para tornar a Justiça um lugar ainda mais receptivo, especialmente para os que a operam. Os resultados que obtivemos derivam de uma cultura que, depois de iniciada, passou a ser multiplicada produzindo sinergia, tornando possível uma mudança real, consistente e mensurável. Além das estatísticas, que quantificam a produtividade, temos resultados intangíveis mas que são inegáveis: a satisfação e a alegria de fazer parte da equipe. Tive a experiência fantástica de, em momentos pessoais de cansaço e desânimo, ser contagiado pela energia que, embora me tenha tido como autor da sua primeira centelha, tornou-se — graças à equipe — algo maior do que a soma de cada um de seus participantes.

Vejo a presente obra como parte do grande mosaico que torna possível um novo horizonte, um novo cenário, uma nova cultura. Sei que a 4ª Vara Federal de Niterói contribui com uma peça desse novo e positivo quebra-cabeças do bem, e este livro é mais uma peça. Qualquer pessoa que sair somando as várias experiências, estudos e lições que vêm sendo produzidas pela Justiça Federal e pelos pensadores (entre os quais o autor da presente obra) encontrará o seu caminho para mudar seu metro quadrado.

Cada contribuição ajudará a que os continuadores e desenvolvedores de uma nova cultura possam caminhar em terreno mais seguro e haurir o melhor que já foi testado e visto, tornando o novo ainda mais poderoso.

Frequentemente novas iniciativas são anunciadas para tornar os outrora áridos ambientes corporativos mais relaxados e propícios à criatividade e produtividade. Gigantes do mundo dos negócios, como Google, Facebook e Apple, dão exemplo investindo em ambientes amigáveis aos seus trabalhadores que criam uma sensação de pertencimento e integração em suas equipes. Muito é investido também na saúde mental dos funcionários, afinal, funcionários felizes são mais lucrativos ou, como diz Bruno Farah, trata-se de uma "questão estratégica" para empresas contemporâneas na medida em que gera um novo "paradigma organizacional".

Apesar de a Justiça ainda estar distante desses cenários mais extremos, muito em função de sua tradição, protocolos de postura, etiqueta e atuação, vemos, hoje, tentativas inovadoras e frutíferas de transformar o ambiente jurídico, como as palestras motivacionais e cursos de capacitação nos quais, sem dúvida alguma, o autor se destaca com uma atuação ímpar. Compartilho com Bruno Farah o pensamento de que em ambientes como a Justiça, mais ainda, se torna importante a criação de mecanismos de motivação que lidem e, com sucesso, expurguem a depressão do ambiente de trabalho sem transformá-la em tabu ou sujeitar aqueles que são afligidos por ela à segregação do convívio profissional.

Nesse sentido, é uma grande honra e felicidade poder prefaciar esta obra que sinaliza boas práticas que trarão aos seus aplicadores sucesso, e digo isso a partir de resultados comprovados e com a autoridade de sua eficácia ao longo de vários anos de teste. Por vezes, pequenas iniciativas como ouvir opiniões e sugestões de funcionários, criar projetos (ou campanhas) que envolvam toda a equipe e procurar maneiras de quebrar a aridez do ambiente em si podem fazer uma grande diferença no desempenho e moral da equipe, e Bruno Farah só ratifica a importância que estas ações refletem no bem-estar geral da Justiça e do Brasil, como um todo.

A presente obra traça um panorama brilhante sobre a depressão, como se instaura nas instituições e as principais formas de identificar e combater essa doença social, trazendo visões de relevantes pesquisadores da área aliadas a uma didática precisa que tornam a compreensão de um tema, denso e profundo, extremamente acessível a todos, apresentando ainda as iniciativas já existentes no E. TRF2 com o objetivo de aprimorar o atendimento institucional pertinente ao tema.

Quem já enfrentou uma depressão — pessoalmente ou em sua família ou equipe — vai se identificar com a obra e considerará os conhecimentos nela contidos uma questão de saúde pública, que vai além de sua importância como ferramenta de gestão de pessoas ou recursos humanos. Quem nunca enfrentou uma depressão pessoalmente, mas lida diariamente com pessoas que padecem do "mal do século XXI", seja como líder ou colega de trabalho, vai encarar esta obra como um manual de boas práticas, um verdadeiro passo a passo de otimização do convívio e ambiente profissional, propiciando relações saudáveis e a prosperidade da instituição ou empresa.

Convido-o a conhecer um pouco mais dessa obra fascinante cunhada da experiência do autor com os meandros da psicologia do trabalho e que pode ser o diferencial para compreender e lidar com a depressão no ambiente de trabalho.

William Douglas
Juiz Federal/RJ, professor e escritor

Introdução

A depressão como mal-estar social

A depressão tornou-se um problema social que ocupa cada vez mais a atenção das políticas de saúde. Durante a década de 90 os gastos com antidepressivos cresceram 600%, em 2000 chegaram a 7 bilhões de dólares anualmente (Ehrenberg, 1998). Além de todos os problemas deste mal-estar, já conhecido como "mal do século XXI", há várias doenças a ele associadas: os deprimidos têm três vezes mais problemas digestivos, urinários e cardiovasculares e duas vezes mais câncer e doenças endócrinas (Ehrenberg, 1998). Ehrenberg prossegue com estatísticas preocupantes:

> Os deprimidos declaram muito mais doenças do que os não-depressivos da mesma idade (sete contra três): os deprimidos entre 20 e 29 anos têm tantos problemas de saúde que os não depressivos de 45 a 59 anos, as mulheres deprimidas entre 45 e 59 anos têm saúde equivalente a uma pessoa de mais de 80 anos. Os deprimidos são velhos antes da idade. (Ehrenberg, 1998, p. 231).

Segundo Ehrernberg, a empresa de hoje *"é a antessala da depressão contemporânea"* (Ehrenberg, 1995, p. 235). Desde a década de 90, as empresas começam a se deparar com o aumento vertiginoso de quadros de depressão, sem dispositivos nem políticas claras para combater o novo panorama. Segundo estimativas da OMS, em 2020, a depressão será a maior causa de afastamento nas empresas do mundo inteiro, chegando a 20% do quadro (Wakefield e Horwith, 2010). Em alguns países, incluindo o Brasil, estes números já estão em vigor: quando se discute a epidemia mundial de depressão *e* ansiedade, considerando ser raro encontrar um paciente com apenas um destes diagnósticos, pesquisas apontam "São Paulo como a capital mundial de transtornos mentais com cifras em torno de 25% da população" (Dunker, 2015, p. 91). É fácil constatar, portanto, que, desde a provocação de Ehrenberg, em 1995, passaram-se 20 anos e nada foi efetivamente realizado — em termos de política de saúde nas empresas — para combater este cenário. Precisaremos chegar até 2020 para enfrentar este quadro?

A depressão caracteriza um tipo de sofrimento com perfil emocional próprio. Pessoas que, em muitos casos, já tiveram cargos ou funções importantes na empresa, ou ainda possuem, e que sempre trabalharam perfeitamente bem, assumindo riscos e responsabilidade — e, em alguns casos, muita responsabilidade. Pessoas como todos nós: hoje, a depressão pode afetar a qualquer um de nós em alguma fase de nossas vidas (Ehrenberg, 1998). Se a "loucura" — como é chamada no senso comum — parece sempre algo razoavelmente distante da nossa realidade, a depressão não é. Ocorre que tal proximidade e semelhança com nossas próprias formas de sofrimento talvez dificultem mais do que facilitem os encaminhamentos desta modalidade de mal-estar nas Organizações.[1] Ver no sujeito deprimido — até então responsável e cheio de iniciativas — um semelhante, e não um radicalmente estranho, pode fomentar reações e mecanismos defensivos inusitados nas empresas, em termos não só individuais como coletivos, afetando tanto a produtividade como os modos de convivência, generosidade e compartilhamento do trabalho. Estas dificuldades podem levar, por sua vez, a equívocos significativos na forma de gerenciamento destes trabalhadores. Como, então, tratar este novo perfil de sofrimento nas Organizações contemporâneas?

Para as pessoas que sofrem com a depressão no ambiente de trabalho e os estudantes de psicologia que se preparam para tratá-las

Este livro não se dedica prioritariamente aos especialistas da área de psicologia, psicanálise ou psiquiatria. Foi elaborado, sobretudo, para dois públicos distintos: pessoas que trabalham em Organizações e estudantes de psicologia. Para os primeiros leitores — pessoas que trabalham em empresas e padecem os efeitos deste mal-estar na atualidade ou que gerenciam funcionários que atravessam fases de depressão — o intuito é compartilhar o conhecimento sobre o crescimento desta modalidade de sofrimento nas Organizações. São pessoas que, normalmente, não possuem acesso às informações sobre o cenário social e político associado tanto às divergências do campo "psi" sobre o tratamento da depressão, às transformações da sociedade contemporânea incidentes no aumento deste quadro, quanto aos efeitos humanos das formas de gestão atuais envolvidas neste panorama alarmante. Contudo, a escolha de privilegiar estes leitores possui um objetivo mais ousado: mostrar como — diante das novas modalidades de gerencialismo vigentes — todos os agentes institucionais estão sujeitos não apenas a esta forma de mal-estar como, igualmente, a contribuir para a manutenção do sofrimento psíquico nas empresas atuais. Em outros termos, este estudo não propõe hierarquias, não acusa as consequências humanas

---

(1) Embora, de acordo com Gaulejac (2007), os efeitos humanos das novas modalidades de gerencialismo contemporâneas sejam experimentados em todas as Organizações atuais, utilizamos este termo neste trabalho referindo-nos, mais especificamente, às empresas.

do triunfo do "capital", tampouco aponta para vítimas ou algozes. Veremos como e por que todos nós que trabalhamos nas Organizações contemporâneas somos produtos e produtores da depressão na atualidade — e como e por que nos defendemos desta constatação.

Os segundos leitores aos quais dedico este estudo são os estudantes de psicologia e, novamente, por duas razões. Este estudo é fruto de um curso por mim ministrado desde 2011 na Organização em que trabalho como psicólogo, desde 1998, o Tribunal Regional Federal da 2ª Região (TRF2), com o mesmo título do presente livro. Na verdade, seu primeiro nome foi mais discreto, "A tristeza no trabalho". Em 2012, lançamos sua segunda versão já se intitulando "A depressão no ambiente de trabalho" — que permanece até hoje. Sua trajetória, desde a criação e a implementação, imiscui-se na primeira razão de me dedicar a esse público: o desejo de compartilhar com estudantes de psicologia, o que tenho o prazer de realizar diariamente com meus estagiários: a atuação de um psicanalista numa Organização de trabalho. Em outras palavras, testemunhar que um trabalho sério, estimulante, coerente, metodológica e epistemologicamente, é possível — e necessário — em empresas. O tema da depressão tornou-se uma espécie de mote para a empreitada, representando um divisor de águas na minha atuação profissional, capaz de unificar, de forma insofismável, a escuta clínica do meu consultório particular, da Organização e os estudos que realizo. Tendo terminado o doutorado em 2007, engajei-me, em 2009, em novo percurso de pesquisa acadêmica, associando-me ao NEPECC/UFRJ — Núcleo de Estudos em Psicanálise e Clínica da Contemporaneidade. As depressões e novas sintomatologias da atualidade voltadas para os transtornos da ação — nos termos da psiquiatria — representaram nosso campo de investigação. A articulação das discussões entre os pesquisadores no NEPECC com a nova sintomatologia presente nos nossos consultórios particulares foram fundamentais para a proposição do curso sobre depressão no trabalho.

A principal constatação — a depressão como sintoma social, segundo as estatísticas da OMS — levou a mudanças da trajetória de intervenção no TRF2: pouco adianta tratar a depressão a partir da forma de escuta clínica que eu privilegiava, eminentemente individual. Não é encaminhando as pessoas que sofrem deste mal-estar para os convênios de saúde ou promovendo terapias antiestresse nas dependências da Organização que a depressão, como impasse social, será bem encaminhada. No intuito de retirar esta discussão dos muros da Divisão de Atenção à Saúde, deslocando-a para um público mais abrangente — contribuindo para a produção coletiva de sentidos para um sofrimento igualmente fomentado socialmente — desenvolvi um Programa integrando três projetos. O primeiro é o próprio curso sobre depressão no trabalho, voltado para trabalhadores e gestores. O segundo consistiu em abordar o mesmo impasse a partir do estudo de comportamentos compulsivos, que na contemporaneidade são considerados como uma espécie de ramificação dos quadros de depressão (Ehrenberg, 1998): para isso, propus um segundo curso intervindo na compulsão alimentar — discussão que será abordada no capítulo 5 deste livro. Para viabilizar a criação deste projeto, tive a oportunidade de pesquisar autores distantes do campo da psicanálise que me possibilitaram perceber que, na mesma sociedade em que pessoas manifestam paralisia na capacidade de agir, vários grupos, espalhados pelo mundo, compartilham a criação de atividades incríveis juntos, evidenciando plena mobilidade de ação automotivada. Por que, para uns, a contemporaneidade fomenta isolamento e desgoverno da ação e, para outros, a experiência prazerosa da autonomia compartilhada, executando atividades com criatividade e poder de conectividade? O terceiro projeto é um Portal de gestão do conhecimento, intitulado ComParTrilhando. Como veremos, se propôs a dar um passo a mais tanto na disseminação dos impasses relacionados à depressão quanto para a produção de conhecimento coletivo, portanto, abrindo um campo de possibilidades de novos sentidos para este mal-estar social.

A segunda razão relaciona-se a certo perigo presente na formação destes futuros profissionais, sobretudo, daqueles que — como eu — possuem interesse particular pelo campo da psicanálise. A psicologia social — mais especificamente sua ramificação voltada para a organizacional e do trabalho — é alvo, historicamente, de inúmeros preconceitos, tanto por professores como por estudantes. Há uma clara hierarquia entre psicologia clínica e social na formação dos estudantes de psicologia. Tal oposição reitera, de forma latente, um impasse epistemológico da modernidade, o que na própria perspectiva da psicanálise é um contra senso teórico: a oposição entre indivíduo e sociedade. Em *O mal-estar na civilização* (1929), Freud não deixou margem de dúvida de que os processos de subjetivação e socialização são indissociáveis, não havendo justificativa de cisões a este respeito em nossas formas de intervenção. Por que, então, na prática, não verificamos as bases antropológicas, sociológicas e epistemológicas a partir das quais Freud nos indicou como nos posicionar frente ao permanente conflito entre os interesses individuais e sociais? Por que, ainda hoje, olha-se com suspeita, por exemplo, para os textos "ditos" sociais de Freud, como se constituíssem uma subcategoria da sua teoria, inferior aos escritos "propriamente" clínicos, mesmo quando a referência é *O mal-estar na civilização*, um dos ensaios mais importantes do século XX? Por que quando se escreve um artigo intervindo no campo social, este estudo é chamado de "psicanálise aplicada"? Por que, em resumo, manifesta-se o privilégio da clínica — a dimensão individual do sofrimento — em detrimento da social/organizacional?

Os próprios dispositivos de poder que optamos problematizar neste estudo, cocriadores da produção do discurso sobre a depressão na contemporaneidade, incidentes diretamente na formação teórica e na prática de psicólogos, evidenciam as limitações desnecessárias da atuação destes profissionais, se mantida a oposição entre psicologia clínica e organizacional. Para abordar o crescimento do sofrimento psíquico no ambiente de trabalho, tendo como base o pressuposto de que a empresa é a antessala da depressão contemporânea (Ehrenberg, 1995), colocaremos em análise os dois discursos centrais desta assertiva — os das novas tecnologias de gestão de pessoas e da saúde mental. Não analisaremos apenas, portanto, as novas formas de gerencialismo que perpassam as empresas na atualidade, mas, também, como classificações nosológicas do campo da psiquiatria — criadas, prioritariamente, para auxiliar a pesquisa — passaram a reduzir a complexidade do campo da saúde mental ao imaginário médico e a dominar a visão social sobre depressão, intervindo, simultaneamente, para o desenho deste quadro. Mais especificamente, veremos como o Manual Estatístico de Transtornos Mentais (*Diagnostic and Statistical Manual of Mental Disorders* — DSM), atualmente em sua quinta edição, colabora, ao lado das novas modalidades de gerencialismo contemporâneas, para a produção do imaginário da depressão na atualidade.[2] Desta forma, demonstraremos como estes dois dispositivos, cujas consequências reverberam tanto nos trabalhadores que sofrem deste mal-estar como nos estudantes e profissionais que deles tratam, mantêm compromissos epistemológicos na proliferação da depressão nas Organizações. Cabe introduzir a pergunta: a separação entre psicologia clínica e organizacional é operativa para a compreensão das articulações políticas destes micropoderes, cabendo ao psicólogo da saúde tratar de um lado da questão e ao psicólogo organizacional do outro?

Não discutirei aqui a óbvia perda de espaço profissional para o campo da Administração que, por sua vez, produz um conhecimento sobre a área organizacional cuja habitual defesa das formas de gerencialismo contemporâneas afasta — mais uma vez — os psicólogos desta possibilidade de atuação. Este círculo vicioso não faz parte do escopo deste estudo. Antes, desejamos destacar, sobretudo, que quando um psicólogo desvaloriza a perspectiva social, ele atua a favor do silenciamento da própria participação do contexto estressor que pode colaborar para a produção do sofrimento psíquico nas Organizações. Como resultado, ele acaba por remeter todo o ônus do mal-estar à dimensão individual, contribuindo para *proteger* o contexto social no que se relaciona à fomentação do sofrimento nas empresas. Sem perceber, intervindo desta maneira, o campo da psicologia reforça o paradigma moderno de subjugação da ação humana aos interesses coletivos, sedimentando um paradoxo: a suposta valorização da perspectiva individual — clínica — termina por vincular a responsabilidade pela produção do mal-estar nas Organizações exclusivamente aos próprios indivíduos. Que estranha valorização da perspectiva individual é esta capaz de lançar o sujeito ao lugar de vítima e algoz do seu próprio sofrimento, desamparado de horizontes mais promissores para se desembaraçar de tal paradoxo?

Seguindo esta perspectiva, queremos demonstrar duas *hipóteses* neste estudo: por um lado, os dois leitores privilegiados deste livro — os que padecem na carne os efeitos da depressão no trabalho e os profissionais que se preparam

---

[2] Mesmo sabendo que, no Brasil, o protocolo oficial segue a Classificação Internacional de Doenças da OMS, atualmente em sua décima edição (CID- 10), optamos neste livro em discutir dispositivos nosológicos associados à psiquiatria hegemônica — a classificação da Associação Americana de Psiquiatria (American Psychiatric Association). Com efeito, o Manual Estatístico de Transtornos Mentais, atualmente na quinta edição, é o instrumento internacional mais usado para pesquisas em psiquiatria, sobretudo em função da hegemonia econômica americana, e, seguramente, o que mais influencia a visão social do assunto.

para tratar deste cenário — contribuem para a produção deste paradoxo. Por outro, este panorama é muito mais abrangente, envolvendo dispositivos que vão além destes dois públicos, sendo inerente à nova forma de Poder na sociedade atual, caracterizado por injunções paradoxais paralisantes (Gaulejac, 2007) — discussão que tomará corpo na segunda parte deste livro.

De Freud a Ehrenberg e Gaulejac

Partindo do pensamento freudiano, dois autores são fundamentais para o desenvolvimento dos pressupostos construídos ao longo deste livro: Alain Ehrenberg e Vincent de Gaulejac. O primeiro articula a depressão contemporânea como uma "doença da autonomia" (Ehrenberg, 1998). Esta expressão nos parece, à primeira vista, no mínimo enigmática, senão contraditória. Ter autonomia, no sentido de liberdade de ação, não é um dos atributos mais estimulantes e desejáveis nas nossas vidas cotidianas? De acordo com o que afirmamos brevemente acima, como esta mesma autonomia pode servir de impulso para pessoas realizarem projetos motivadores juntos — e sem ganhar nenhuma gratificação financeira para isso — e, ao mesmo tempo, configurar-se como "doença" nas organizações? Ehrenberg parece apresentar-nos um paradoxo, o que nos leva imediatamente ao cerne da discussão de Gaulejac. Em seu livro, "Gestão como doença social" (Gaulejac, 2007), o autor demonstra como novas modalidades de discursos gerenciais irão assimilar o potencial criativo e libertador da autonomia ao sofrimento no trabalho. Produtora de motivação por um lado, os dois autores nos levarão a desenvolver o argumento de que a autonomia é, por outro, simultaneamente, uma espécie de "doença da gestão". A definição de depressão no ambiente de trabalho como "doença da autonomia" será aqui apresentada, portanto, como uma questão mais ampla, como um sintoma da sociedade contemporânea, que se manifesta, de forma privilegiada, nas Organizações corporativas.

Por esta via, partindo do pressuposto de Ehrenberg de que a empresa de hoje é a antessala da depressão contemporânea e da assertiva de Gaulejac de que a gestão fomenta uma doença social, este estudo pretende investigar a ligação da depressão na atualidade com as *práticas de gestão*. É por esta razão que, embora o meu campo empírico seja o Judiciário Federal, as constatações a que chegam nossas análises não se limitam à cultura organizacional deste órgão, sendo, antes, como poderemos verificar na literatura investigada neste livro, encontradas nas empresas de forma geral. A gestão como doença social e a depressão elevada a sintoma social nos informam sobre um inquietante cenário em que uma nova forma de sofrimento torna-se, cada vez mais, globalizada, tendo, contudo, a impressão de ser sentida de forma única e individualizada pelos sujeitos que dela padecem. O Judiciário Federal nos estimula a perceber os impasses deste cenário com lentes de aumento: sua estrutura organizacional, dividida em área meio e fim[3] — onde os mais variados experimentos das novas tecnologias de

---

(3) Área fim é considerada a parte da empresa dedicada à atividade principal desenvolvida. No

gestão provenientes da iniciativa privada são bem-vindos na primeira ao lado de uma estrutura hierárquica e rígida na segunda –, nos permitirá compreender, com mais propriedade, o discurso paradoxal das novas formas de gestão da atualidade, tendo como ponto de apoio o debate travado por Gaulejac.

Gaulejac dedica-se a apresentar os contornos da nova forma de poder gerencial na sociedade pós-disciplinar. Ela se expressa a partir de modalidades comunicacionais constantemente instituintes de duplos vínculos, discursos paradoxais, que resultam em desnorteamento para os trabalhadores. Ele articula a formulação dos enunciados paradoxais ao crescimento do fenômeno do assédio moral nas empresas atuais, forma de violência silenciosa e paralisante que vem crescendo no mundo inteiro desde a década de 90. Curiosamente, este é o mesmo marco da proliferação dos quadros depressivos nas Organizações. Sendo a própria definição de depressão a expressão de um paradoxo — a doença da autonomia — a *tese* que este livro pretende sustentar aponta para a complexificação da produção deste mal-estar na atualidade, sugerindo possíveis associações da depressão no trabalho ao duplo vínculo tecido por práticas de assédio moral.

Partindo da produção de subjetividades deprimidas na contemporaneidade, a pergunta principal que este estudo irá perseguir é: o que impede o indivíduo na atualidade de se reconhecer como sujeito de sua autonomia, levando-o à experiência, antes, de objeto de uma ação inibida? Associada a esta pergunta, há uma questão implícita, tecida por este estudo, que é a seguinte: como um sonho emancipatório da modernidade transformou-se em doença social da contemporaneidade? Veremos que, constituindo a sua característica mais específica (Heller, 1981), a noção de autonomia nasce com a modernidade, mas permanece ainda um sonho não realizado na contemporaneidade. Para compreendermos os contornos da depressão atual, precisaremos circunscrever, mesmo que de forma sucinta, a trajetória de como este sonho se transforma em doença, engendrada por paradoxos aprisionantes. Para isso, discutiremos as principais diferenças entre a modernidade e a contemporaneidade não como uma ruptura radical, mas em termos de certas continuidades, elucidadas por meio da noção de *transição paradigmática*, defendida por Boaventura de Souza Santos (2001).

A perspectiva metodológica

Para nos alinharmos à terminologia proposta por Ehrenberg (1995, 1998), a noção de modernidade será utilizada aqui no mesmo sentido de sociedade disciplinar. Vale enfatizar, contudo, que este termo associa-se à face filosófico--jurídica da modernidade (Foucault, 2002), caracterizada pelas ideias de lei,

---

caso da Justiça Federal, integram a área fim os Gabinetes dos magistrados e as Varas ou Turmas Recursais, responsáveis pelas atividades processantes que originarão a decisão do magistrado (sentença ou o acordão) sobre determinada demanda (petição inicial) posta pela cidadão. Já a área meio abriga a estrutura administrativa que fornece suporte para a atividade processante: administração predial, serviço de saúde, setor de capacitação, biblioteca, informática, entre outros.

razão, disciplina e progresso. Ela compreende o período que se inicia no século XVII, estendendo-se até 1970. Como consequência, chamaremos de sociedade pós-disciplinar o período normalmente entendido por contemporaneidade, que se estabelece a partir da década de 70 do século anterior até os dias atuais.

Mas por que enfatizamos a face filosófico-jurídica da modernidade? Existem duas faces relativas ao período moderno? A face filosófico-jurídica diz respeito apenas a um discurso sobre a experiência moderna, o que ficou estabelecido por paradigma da modernidade. Para compreendermos melhor esta questão, primeiramente é preciso definir o que entendemos por "paradigma":

> É um conjunto de perspectivas dominantes em torno da concepção do ser, do conhecer e do homem que, em períodos de estabilidade paradigmática adquirem uma autoridade tal que se "naturalizam" (...) impedindo que a crítica, peça central da atividade do conhecimento, seja exercida sobre suas perspectivas fundamentais. Dessa maneira, uma perspectiva paradigmática organiza e ao mesmo tempo limita o pensamento, tornando-se, como no caso do paradigma moderno, excludente (Plastino, 2001, p. 22).

Neste sentido, a noção de "modernidade" é mais abrangente do que o paradigma moderno. Ela constitui-se por meio de dois discursos (Foucault, 2002): o filosófico-jurídico — tendo na ideia de lei o seu fundamento e representando sua vertente regulatória, vinculada posteriormente ao imaginário progressista — e o histórico-político, caracterizado pelo nascimento da ideia de autonomia, sua vertente mais propriamente emancipatória.[4] No imaginário social, o discurso filosófico-jurídico moderno, o que, neste trabalho, associaremos à sociedade disciplinar (Ehrenberg, 1998), tornou-se a noção vigente de modernidade em termos paradigmáticos.

Um período de transição paradigmática se impõe quando uma profunda crise social e epistemológica abate o paradigma vigente (Santos, 2001). As duas grandes guerras, deflagrando profunda crise social, e a ruptura epistemológica, encabeçada, sobretudo, pela física quântica — colocando em suspeição os pilares das noções de lei, razão e progresso (Everdell, 2000) — fizeram do século XX o palco desta crise. Viver um período de transição paradigmática significa que, embora a sociedade moderna manifeste diferenças decisivas nos dispositivos de poder produtores das subjetividades e do laço social em relação aos que se apresentam na atualidade, há aspectos do paradigma da modernidade ainda atuantes no mundo contemporâneo. A principal linha de continuidade diz respeito à assimilação do discurso emancipatório pelo regulatório — que deflagra, o que nesta introdução apresento apenas em traços grossos, *o cerne do impasse*

---

(4) O debate sobre as vertentes regulatórias e emancipatórias da modernidade é mais complexo do que apresentamos resumidamente nesta introdução. Para aprofundar o assunto, remeto o leitor a Santos, 2001.

de experimentarmos plenamente nossa autonomia de ação tanto na sociedade disciplinar como na pós-disciplinar. A integração do discurso emancipatório aos poderes regulatórios durante a era moderna aponta para a luta pela autonomia do agir humano como o principal projeto inacabado da modernidade e com o qual a contemporaneidade mostra-se, ainda, em dívida.

A transição paradigmática nos informa, portanto, sobre a complexa herança da contemporaneidade: encaminhar problemas modernos para os quais a modernidade não encontrou soluções modernas (Santos, 2001). Em outras palavras, temos problemas modernos para os quais deveremos buscar soluções contemporâneas. A única certeza do caminho a percorrermos é que tais saídas devem ser encontradas no discurso emancipatório — neste projeto não terminado da era moderna. Se um paradigma é um recorte do que existe, privilegiando certos discursos e despotencializando outros, o que na vertente emancipatória, assimilada pelos poderes regulatórios, pode nos orientar para caminhos mais promissores em termos da edificação de um laço social caracterizado pela autonomia da ação humana? O que, mais especificamente, os dispositivos pós-disciplinares que articularemos à fomentação da depressão no trabalho — o discurso psiquiátrico hegemônico que alimenta a visão atual da sociedade sobre depressão, que, neste livro, terá no DSM seu interlocutor privilegiado, e as novas modalidades de gerencialismo — *deixaram de fora das suas prescrições regulatórias?* Quais transformações ocorreram nestes dois discursos após a década de 70 do século XX, com efeitos cruciais para a formação das subjetividades atuais, que nos permite qualificá-los de dispositivos de poder pós-disciplinares?

Duas escolhas epistemológicas solidárias tornam modernidade (sociedade disciplinar) e contemporaneidade (sociedade pós-disciplinar) ainda atreladas em uma perspectiva paradigmática. Ambas estão presentes nos dois dispositivos que associamos à proliferação da depressão no ambiente de trabalho neste livro. A primeira é a manutenção da obsessão de fornecer *a medida da ação humana como principal atributo do poder.* A segunda escolha diz respeito à rejeição da articulação dos conflitos entre indivíduo e sociedade em uma perspectiva política. Veremos que, enquanto na sociedade moderna o privilégio de fornecer a medida da ação humana se exerce por meio de uma concepção hierárquica na qual, no topo, o comando estava claro, legitimado por uma autoridade disciplinar, na contemporaneidade este poder prevalece, contudo, por meio de uma estrutura paradoxal cujo comando parece difuso e mesmo ilegível — o poder sem autoridade (Sennett, 1999). Em relação ao segundo aspecto, veremos que, enquanto na modernidade o conflito entre os interesses individuais e sociais foi idealizado por meio da utopia de uma solução final harmoniosa entre as partes, vislumbrando o progresso civilizatório, na contemporaneidade ele é negado no interior do laço social por meio de discursos paradoxais paralisantes.

Na sociedade pós-disciplinar, a doença da medida, como atributo principal do poder, de fato, acomete tanto o gerencialismo contemporâneo como a visão dominante sobre depressão derivada das classificações psiquiátricas hegemônicas, ancorada, sobretudo, nas avaliações diagnósticas do DSM, enviando o sujeito ao lugar de objeto de um conhecimento alheio a sua própria capacidade de conhecer. Nesta forma de laço social, os papeis já estão organizados: de um lado, a razão dos discursos médicos e gerencialistas, apoiados em supostas evidências matemáticas, fornecendo as prescrições para orientar, do outro, a ação humana, o objeto a ser medido, tendente ao erro, ao desvio e, atualmente, sobretudo, à doença. Como a autonomia da ação pode advir diante um enquadre epistemológico que já prevê a necessidade de fornecer a medida do agir humano?

Quanto à rejeição da articulação dos conflitos entre indivíduo e sociedade em uma perspectiva política, na sociedade pós-disciplinar, com efeito, o gerencialismo contemporâneo nega sua presença no interior da empresa, disseminando o discurso de que somos todos colaboradores, pertencendo ao mesmo "time". No mesmo sentido, a visão atualmente dominante sobre as doenças mentais, no geral, e a depressão, no particular, reduzindo-se cada vez mais ao discurso psiquiátrico hegemônico, como constatado a partir, sobretudo, da terceira edição do DSM, de 1980, rejeita a própria concepção psicanalítica do *sujeito do conflito*, enviando-lhe à perspectiva paradoxal de objeto de uma classificação médica.

No plano das relações de poder tecidas nas empresas, é preciso conceber um novo horizonte de sociabilidade, rejeitando tanto a vertente taylorista[5] da sociedade disciplinar quanto o discurso paradoxal das organizações contemporâneas — foco principal da reflexão da segunda parte deste livro. Em outras palavras, abandonar as hierarquias paradigmáticas entre sujeito-objeto e indivíduo-sociedade na direção da proposição de um novo paradigma organizacional (Castro, 2015) é fundamental para a construção de uma forma de laço social que viabilize a reciprocidade entre sujeitos como produtores do conhecimento. Esta reciprocidade só se torna efetiva reinserindo a noção *política* de sujeito do conflito no cerne do laço social, concebido como jogo de forças sem ordenações e hierarquias prévias, o que, enfim, inviabiliza a ocupação do disputado lugar de quem dá a medida da ação humana.

Como é fácil de perceber, os profissionais do campo da psicologia — trabalhando nas Organizações contemporâneas na interface dos dispositivos de poder gerencialista e da saúde mental — possuem muito a contribuir para a proposição de um novo paradigma organizacional. Mas não podemos incorrer no mesmo erro da sociedade disciplinar de edificarmos um conhecimento privilegiado perante a outros para a construção dos novos encaminhamentos para o sofrimento

---

(5) Taylor foi um dos primeiros sistematizadores da disciplina de Administração de empresas. Seu trabalho caracterizou-se pelo esforço de criar uma administração em bases científicas. Uma das diretrizes principas da nova ciência proposta era a medição precisa do tempo dos movimentos realizados pelos trabalhadores nas esteiras de produção (Castro, 2015). Ele acreditava que, mediante sistema de recompensas e premiações, os próprios trabalhadores, docilmente, ajudariam a atingir os movimentos mais eficazes no menor tempo possível, não obstante o sofrimento físico e emocional prevalecente nas esteiras de produção. O taylorismo é um exemplo esclarecedor da ênfase do paradigma moderno na disciplina dos corpos e da idealização do fim dos conflitos entre as partes envolvidas no processo de trabalho, em nome do progresso e da harmonia dos interesses individuais e organizacionais.

do trabalho. Na direção oposta à da modernidade hegemônica que ancorou a possibilidade de transformação social em um princípio único de mudança — o discurso objetivo das ciências, tendo Newton, Descartes e Bacon seus principais balizadores (Santos, 2001) — tentaremos propor uma discussão abrangente sobre os impasses da depressão como mal-estar da cultura do trabalho. Numa perspectiva metodológica multidisciplinar, tendo como ponto de partida o pensamento freudiano, recorreremos a sociólogos como Ehrenberg, Sennett e Santos, à abordagem da psicossociologia de Gaulejac, a cientistas sociais como Wakefield e Horwith, a psiquiatras, psicólogos e psicanalistas como Phillips, Castro, Dunker, Costa, Bezerra, Vertzman e Zorzanelli, a teóricos da comunicação social — sobretudo das inovações tecnológicas promovidas pela internet no mundo contemporâneo, como Shirky, a críticos literários como Calinescu, a livros eruditos que não se reduzem à literatura ou à filosofia, como *O Demônio do Meio Dia: uma anatomia da depressão*, de Solomon, a filósofos como Foucault, Arendt, Agamben, apenas para trazer os nossos principais pares envolvidos nas reflexões deste livro.

Este livro é dividido em duas partes. No primeiro capítulo da primeira parte, o foco da nossa análise recairá na articulação entre o universo da saúde mental — especificamente, a visão dominante atual da depressão, sobretudo a partir do discurso psiquiátrico hegemônico representado pelas classificações nosológicas, tais quais o DSM — e a produção da depressão na contemporaneidade. No capítulo dois, tomaremos partido da hipótese de Ehrenberg sobre as razões de índices tão elevados de depressão na sociedade atual. A problematização da sua hipótese — os ideais da sociedade pós-disciplinar como produtos e produtores do mal-estar do século XXI — conduzirá, ainda, a discussão dos capítulos três e quatro, deslocando gradativamente nossa análise da depressão na contemporaneidade para o ambiente de trabalho, tema principal da segunda parte deste livro. Nela, apoiando-nos nas premissas de Gaulejac (2007), aprofundaremos a investigação sobre o segundo produto cultural que contribui para a fomentação da depressão nas Organizações: as novas práticas do gerencialismo contemporâneo, dando destaque ao lugar reservado ao paradoxo da autonomia da ação humana nas empresas atuais.

PARTE 1

A DEPRESSÃO NO AMBIENTE DE TRABALHO

Capítulo 1

TRISTEZA NÃO É DEPRESSÃO

Delimitando o problema: a ênfase ao sintoma individual e a desconsideração pelo contexto social no tratamento da depressão.

Começo o curso *A depressão no ambiente de trabalho* apresentando esta lista de sintomas:

1) Humor deprimido na maior parte do tempo.

2) Interesse diminuído ou perda de prazer nas atividades diárias (anedonia)

3) Sensação de inutilidade ou culpa excessiva.

4) Indecisão ou diminuição na capacidade de concentração.

5) Fadiga ou falta de energia.

6) Insônia ou sono excessivo.

7) Agitação ou lentidão de movimentos.

8) Perda ou ganho significativo de peso.

9) Ideais recorrentes de morte ou suicídio.

Quando pergunto quais destes sintomas caracterizam os quadros de tristeza e de depressão, é unânime a falta de consenso nas turmas. Esta é a lista dos critérios da terceira edição do DSM, de 1980 — baseados exclusivamente em sintomas — que define o quadro de Transtorno Depressivo Maior. Hoje, o DSM encontra-se em sua quinta edição, mantendo esta mesma lista de nove sintomas.

Na década de 1980 — o início do imenso crescimento dos quadros de depressão no mundo inteiro (EHRENBERG, 1998) — uma transformação significativa ocorreu no modo dos profissionais de saúde mental se posicionarem frente a este mal-estar. O discurso hegemônico da psiquiatria passa a se aproximar, cada vez mais, do discurso médico propriamente dito, afastando-se, na mesma velocidade, de outros saberes, como o da psicanálise. Esta nova perspectiva acarreta dois efeitos de imediato: por um lado, as classificações passam a se tornar mais eficazes para o que elas se propõem; por outro, a partir deste momento, a visão social sobre saúde mental tende a se reduzir a estas modalidades de classificação.

A manifestação mais estridente desta transformação se deu com o advento da terceira edição do *Manual Diagnóstico e Estatístico de Transtornos Mentais* (o DSM-III), em 1980. Com a exclusão de outros saberes que compunham os Manuais anteriores, sobretudo a psicanálise, o DSM-III mudou a definição de depressão de algo que dependia do contexto e das circunstâncias de vida do indivíduo para uma lista objetiva de sintomas (WAKEFIELD; HORWITH, 2010). Esta transformação técnica e epistemológica gerou – e ainda gera – muita discussão e discordância no campo da saúde mental. De forma sintética, o cerne da controvérsia reside no fato de que um psiquiatra não necessita mais perguntar sobre o histórico da doença do paciente, preocupando-se apenas com os sintomas relatados e observados.

Esta mudança de ênfase acarreta consequências sérias, tanto epistemológicas como sociológicas e mesmo antropológicas. Em termos epistemológicos, circunscrevendo toda a problemática do humor deprimido no corpo do indivíduo — concentrada em seus sintomas —, a psiquiatria hegemônica parece retroceder em direção a um reducionismo causal preocupante, deixando de lado toda a perspectiva social da doença. O que significa a retirada da historicidade do sujeito na narrativa da sua depressão? Como prescindir desta história cujo contexto sempre foi necessário para a avaliação diagnóstica e provavelmente contribuiu na produção daquele quadro depressivo?

O Demônio do Meio Dia: uma anatomia da depressão (SOLOMON, 2014) tornou-se um *best seller* erudito sobre a depressão na contemporaneidade. Traduzido para 25 países, é um exemplo palpável de como o tema é atual e interessa aos leitores no mundo inteiro. Mais do que isso: é termômetro de uma grande transformação — a depressão como *sintoma social*. Sobre esta imbricação do campo sócio-histórico com a perspectiva individual na produção da doença, cabe destacar uma passagem, tanto lúcida quanto elucidativa, de *O Demônio*:

> Leva tempo para um edifício com estrutura oxidada se desmoronar, mas a ferrugem está incessantemente transformando o sólido em pó, afinando-o, eviscerando-o. O colapso, por mais abrupto que possa parecer, é a consequência cumulativa da decadência. Contudo, é um evento altamente dramático e visivelmente diferente. O tempo que separa a primeira chuva do ponto em que a ferrugem devora uma viga de ferro é longo. Às vezes, a oxidação ocorre em pontos tão fundamentais que o colapso parece total, mas frequentemente é parcial; este trecho entra em colapso, derruba aquele outro trecho, modifica o equilíbrio de modo dramático ... a depressão ocorre no tempo (SOLOMON, 2014, p. 17).

Para haver ferrugem, portanto, primeiro houve um ferro e a história silenciosa de como esta viga se tornou, com o tempo, porosa e se envergou. O ambiente estressor, no caso, o vento e a chuva, participa ativamente do processo. Certas vigas, com mais estrutura, talvez não tivessem o mesmo destino e sua história seria menos dramática. Mas é justamente esta história que não precisaria mais ser narrada para um psiquiatra diagnosticar se o humor deprimido sugere um quadro de tristeza ou de depressão. A única temporalidade que conta é a dos sintomas: se eles estão presentes a mais de 15 dias ou, como veremos com mais detalhes, se o conjunto do quadro abrange, por exemplo, 2, 4 ou mais de 5 sintomas. O tempo do sujeito, este sumiu do enquadramento psiquiátrico vigente. O que importa é se a estrutura da viga é forte o bastante para suportar e permanecer em pé.

Não é curioso — ou ao menos inquietante — o discurso da psiquiatria hegemônica valorizar a perspectiva individual do sintoma com esta contundência na mesma época em que a depressão passa a ser compreendida como epidemia social? Não é evidente que o contexto participa da produção deste quadro preocupante? O índice de 20% de deprimidos no mundo desenvolvido, divulgado pela OMS, não é suficiente para concebermos a depressão como sintoma social ou há tantas pessoas, com estruturas tão frágeis, a ponto de todas produzirem ferrugens e se envergarem, em todos os cantos do planeta e, ainda, ao mesmo tempo?

Uma das principais justificativas de universalização dos diagnósticos a partir da leitura objetiva dos sintomas defende que qualquer psiquiatra, deste modo, poderia fornecer o mesmo e preciso diagnóstico para um paciente na China, na Suécia ou no Paraguai. Contudo, muitos psiquiatras se preocupam em reduzir a complexidade da clínica ao escopo das classificações nosológicas: ao prescindir das relações entre sintomas e funcionamento psíquico, parte dos clínicos se sente desnorteada em sua prática, deixando evidentes os impasses deste reducionismo. Este impasse fica especialmente claro no momento em que ficam "desincumbidos de fazer apreciações sobre a personalidade do paciente (..) e relatam frequentemente que não lhes são dadas, nas contingências reais de sua prática, a possibilidade de escutar histórias de vidas de seus pacientes, restringindo-se a anamnese e ao relato do sintoma" (DUNKER, 2015, p. 92). Somado a este incômodo sinalizado por muitos psiquiatras, é preciso levar em conta a própria dificuldade de se estabelecer um diagnóstico diferencial entre tristeza e depressão, considerada a semelhança dos sintomas – conforme a tese do livro *A Tristeza Perdida*, de Wakefield e Horwith (2010).

Por trás desta justificativa manifesta, há uma luta implícita por poder: o sujeito teorizado por Freud, o chamado "sujeito do conflito" entre os interesses individuais e sociais, perde espaço no campo da saúde mental. Cabe lembrar que a psicanálise, historicamente, sempre manifestou resistência a qualquer aspiração psiquiátrica voltada para termos adaptativos e baseada meramente em sintomas, dedicando-se ao mal-estar de um sujeito dividido e em conflito permanente — o que, por sua vez, nunca resultou em simpatia pela indústria de medicamentos. A insistência da psicanálise na indissociabilidade dos processos de subjetivação e socialização, como Freud deixa claro em *O mal-estar na civilização* (1929), e, com isso, na evidência de que os sintomas sempre mudarão de contornos com as transformações sociais e diferenças entre culturas, nunca deixando, assim, sua pretensa "natureza" ser dominada por qualquer substância química, é um dos pontos nevrálgicos da tensão entre medicalização do sofrimento psíquico e psicanálise.

Neste panorama, a partir do Manual de 1980, o sujeito neurótico, encurralado entre a história dos seus desejos transgressivos e as normas sociais, desaparece do foco dos critérios diagnósticos em psiquiatria. A psicanálise, tendo no conflito psíquico neurótico sua origem e privilegiando a historicidade do sujeito, sofre um golpe severo: o conceito de *neurose*, cunhado por Freud, carro-chefe da psicanálise, passa a não mais configurar como possibilidade de avaliação diagnóstica a partir do DSMIII. A redução da clínica a este particularismo, visivelmente adaptativo, hegemônico no campo da saúde mental, que descreve e enumera sintomas, determinará a aniquilação da categoria de sujeito no Manual.

Dunker analisa o último Manual, o DSMV, publicado em maio de 2013, indicando a proliferação de novas categorias psiquiátricas impulsionada pelo "sequestro da psicanálise do Manual" (DUNKER, 2015, p. 91), a partir do DSMIII. O autor considera que o DSMV acaba por se tornar "um dispositivo diagnóstico com força de lei e poder disciplinar" (DUNKER, 2015, p. 94), promovendo, na clínica, uma desconexão entre os próprios sintomas que privilegia. Dunker é ainda mais enfático do que Wakefield e Horwith: em vez de priorizar a questão do diagnóstico diferencial da tristeza, ele amplia o problema, apontando para o colapso da própria noção de sofrimento no DSM. Seguindo os argumentos do autor, podemos avaliar que o que se perde com o fim da categoria de neurose é algo sério: uma narrativa sobre o sofrimento psíquico.

A noção de sofrimento é inerente a uma teoria do reconhecimento; na neurose, o sofrimento depende incondicionalmente de como ele é reconhecido e nomeado pelo outro (DUNKER, 2015). Além de se apoiar em Freud, obviamente para quem, como já apontado, o sintoma sempre representou um conflito entre desejo individual e exigências sociais, Dunker se baseia nas inúmeras pesquisas sobre a variedade de formas de sentir sofrimento em diferentes culturas (HONNETH, 2007). Nesta perspectiva, o contexto social cria uma espécie de democratização do que é o sofrimento em determinada época e cultura, sem os perigos de sermos exageradamente expostos aos engodos políticos de qualquer acordo sobre o que é doença mental vinculado a interesses das grandes empresas de medicamentos. Tratando, ainda, sobre o reconhecimento social do sofrimento, seu argumento avança em terreno inquietante: "a expansão da forma de sofrer organizada pelo DSMV vem se tornando, sem que se perceba, a exportação de determinadas palavras chaves que devem necessariamente contar na fala dos pacientes, para que eles possam ser incluídos em dispositivos de tratamento e saúde subvencionados pelo Estado" (2015, p. 96).

O autor conclui, apoiando-se no argumento de Watters: "está em curso uma espécie nova de colonização por meio da qual o resto do mundo deveria sofrer segundo os mesmos padrões dos americanos" (WATTERS *apud* DUNKER, 2015,

p. 96). O reducionismo do DSM, baseado em critérios de eficiência e eficácia, apresenta uma nova pragmática da cura, exigindo que se defina "como patológico o que as medicações tratam, e inversamente o que as medicações tratam será definida como patológico" (DUNKER, 2015, p. 70). Dunker compara tal retrocesso às ultrapassadas medições de inteligência que a considera como aquilo que os testes medem, e, da mesma forma, o que eles medem o que podemos chamar de inteligência.

A partir da discussão provocada tanto por Dunker (2015) quanto por Wakefield e Horwith (2010), não podemos visualizar a produção de um novo paradoxo no tratamento em saúde mental? Não estaríamos diante do fenômeno da exclusão da categoria de sofrimento no DSM e, simultaneamente, uma significativa expansão das formas de sofrer?

Por que discutir as diferenças entre tristeza e depressão no trabalho?

O Transtorno Depressivo Maior é diagnosticado com a presença de cinco ou mais sintomas entre a lista dos nove apresentada no início deste capítulo, por, no mínimo, duas semanas, incluindo necessariamente humor deprimido e/ou perda do prazer pelas atividades diária (anedonia).

Qual é a razão de cinco ou mais sintomas em uma lista de nove? Solomon é categórico quanto à arbitrariedade desta definição:

> Não há nenhuma razão especial para qualificar cinco sintomas como constituindo depressão; quatro sintomas são mais ou menos depressão e cinco sintomas são menos severos do que seis. Até mesmo um só sintoma é desagradável. Ter versões ligeiras de todos os sintomas pode ser menos problemático do que ter versões severas de dois sintomas. Depois de passar pelo diagnóstico, a maioria das pessoas busca a causa da doença, mesmo que o fato de você saber por que está doente não tenha nenhuma relação imediata com o tratamento da doença (2014, p. 20).

De acordo com Wakefield e Horwith (2010), se todos os critérios são baseados exclusivamente nos sintomas e se não é necessário considerar o contexto histórico vinculado à narrativa da doença, toda reação triste envolvendo um número suficiente deles, avaliados durante pelo menos duas semanas, poderá ser classificada como transtorno, ao lado de alterações psiquiátricas genuínas. No mesmo caminho, Porto considera o conceito de Depressão Maior muito abrangente, abarcando uma vasta gama de condições, que vão da fronteira da normalidade até as formas mais graves de transtorno. "Assim, por exemplo, se uma moça que brigou com o namorado apresentar tristeza e perda do prazer pelas atividades diárias por 15 dias, além de mais três sintomas, como insônia, perda de energia e capacidade diminuída de se concentrar, terá preenchido critérios para Transtorno Depressivo Maior (PORTO, 1999, p. 7)".

Há apenas uma exceção ao privilégio da abordagem exclusivamente baseada em sintomas: se a pessoa apresentar esses sintomas após a morte de uma pessoa querida não será considerada deprimida, mas apenas atravessando uma reação normal e esperada do luto. Vários profissionais de saúde, contudo, acreditam que essa *não* deveria ser a única situação de exceção. Isso porque os sintomas de tristeza e depressão são muito semelhantes (WAKEFIELD; HORWITH, 2010). Assim, outras perdas como divórcio, doença ou uma situação de perda de cargo ou desemprego deveriam eximir a pessoa de tal diagnóstico, pois tais eventos podem desencadear sintomas semelhantes, não se configurando depressão. Afinal, chega a parecer estranho o luto de uma pessoa querida ser indicativo de tristeza enquanto que qualquer outra perda, não importando a causa — como, por exemplo, ser reprovado em algumas disciplinas da faculdade — poder ser associada à depressão, devido, sobretudo, ao efeito sintomático provocado no indivíduo.

Estas críticas foram ouvidas e levadas em consideração na quinta edição do DSM, publicada em 2013. Parece ter sido uma evolução, no DSMV, o fato de o luto por uma pessoa querida passar a se configurar como "perdas significativas amplas", que precisam ser avaliadas dentro da história e da cultura. Embora tenha sinalizado para isso, o problema epistemológico permanece: falta ao DSMV uma categoria de sujeito. Como avaliar e significar a amplitude da perda sem um sujeito que possa narrar sua história e ter o reconhecimento desta perda em diferentes contextos sociais? Como reconhecê-la e dimensioná-la se o paciente foi reduzido a objeto de uma doença? Apesar dos avanços do DSMV, a avaliação diagnóstica permanece privilegiando os sintomas, sem a possibilidade de serem entendidos, a exemplo da psicanálise, como uma relação de compromisso entre interesses individuais e sociais em conflito. Apresentamos parte da interlocução entre a terceira e a quinta edição do DSM para mostrar como, há mais de trinta anos, desde o início da sociedade pós-disciplinar, a participação do contexto social na produção das subjetividades configura-se como um impasse epistemológico para as avaliações diagnósticas, com profundos efeitos pragmáticos (na prática clínica) e sócio-políticos (na visão social sobre a depressão). Um destes efeitos é a individualização crescente do sofrimento e o sentimento paradoxal de responsabilização pelo mal-estar, como discutiremos oportunamente no próximo capítulo.

As definições de tristeza e de depressão defendidas por Wakefield e Horwith (2010) enfatizam a participação do contexto histórico-social na avaliação diagnóstica, sendo úteis para avançarmos em nossa discussão. Comecemos pela tristeza. Segundo estes autores, *a tristeza é uma reação não patológica à perda*. Tendo o modo particular do sujeito em lidar com a perda como centro da avaliação sobre a baixa do humor, os autores não divergem, em linhas gerais, portanto, como veremos ainda neste capítulo, do pensamento psicanalítico. Trata-se de um aspecto inerente à natureza humana: a capacidade de sentir tristeza não patológica é uma adaptação selecionada biologicamente pela evolução da espécie para lidar com a perda (WAKEFIELD; HORWITH, 2010).

Segundo Wakefield e Horwith, há três características que definem a tristeza:

1) Contexto — Surge devido a desencadeadores externos específicos, sobretudo, à perda.

2) Intensidade — É mais ou menos proporcional, em intensidade, à perda sofrida.

3) Duração — Termina quando:

> **(a)** o contexto muda para melhor e, assim, a situação de perda desaparece;
>
> **(b)** o indivíduo se ajusta à perda: ela cessa gradativamente conforme os mecanismos naturais para lidar com ela permitem que o indivíduo se ajuste às novas circunstâncias e retorne ao equilíbrio psicológico e social.

Por esta perspectiva, é imprescindível a narrativa do sujeito sobre o contexto sócio-histórico da sua depressão para a avaliação do quadro. A duração do sofrimento, por exemplo, não está vinculada a um número específico de semanas, mas, em grande medida, ao fato de ter havido ou não mudança no contexto em que ocasionou a perda. Ainda problematizando a relação entre contexto, duração e intensidade, a possibilidade de a tristeza surgir com um contexto legítimo, como após uma perda grave, contudo, não significa, por si só, que os sintomas sejam moderados. Os estressores externos geralmente podem: desencadear transtornos depressivos em indivíduos predispostos à depressão; ser tão graves, conforme intensidade e persistência, que causam danos ao funcionamento normal dos mecanismos de reação à perda de indivíduos *não* predispostos. Existem, ainda, situações diferentes. Casos em que a presença de um transtorno precede e provoca o acontecimento estressante, que pode, equivocadamente, ser confundido com sua causa: é o que se observa quando casos de depressão preexistentes levam o indivíduo a ser demitido ou rejeitado pelo parceiro amoroso (WAKEFIELD; HORWITH, 2010).

Logo, o surgimento em circunstâncias propícias é uma condição necessária, mas *não suficiente*, para que se constate a presença de tristeza não patológica. Segundo os autores, estes princípios (baseados no contexto, intensidade e duração dos sintomas) permitem distinguir casos que parecem indicar claramente uma tristeza habitual e casos de transtornos depressivos, embora, ainda assim, se reconheça um grande número de casos ambíguos, confusos e duvidosos. O que define a diferença entre os quadros de tristeza e depressão é justamente quando a baixa de humor passa a ser disfuncional — e isso depende do reconhecimento social sobre o significado de sofrimento: quando isso ocorre, há um quadro de depressão. Nesta abordagem, Transtorno Depressivo estaria associado a uma disfunção nociva dos mecanismos de reação à perda (WAKEFIELD; HORWITH, 2010).

Há, em Psicologia, um exemplo paradigmático quando o assunto é a questão da perda: o abandono precoce de bebês. Abandono ou separações prolongadas da mãe resultam em um estado de apatia em que os bebês podem parar de reagir a ela, mesmo depois do seu retorno, sem chances de reparação do dano cometido. Neste caso extremo, já houve a *disfunção* nos mecanismos normais de adaptação à perda (WAKEFIELD; HORWITH, 2010). Os traumas decorrentes desta experiência precoce de desatenção podem ser permanentes, trazendo grandes dificuldades para a vida do futuro adulto. Uma destas dificuldades — para citar apenas uma — é a possibilidade de baixíssima tolerância à frustração: são pessoas em que *esperar por algo* por um curto tempo pode reverberar em uma experiência desestabilizadora e até mesmo devastadora. Este exemplo, baseado em experiências empíricas comprovadas, é contundente quanto à atuação do ambiente — o que neste livro chamamos de contexto estressor — como componente que pode contribuir para o desencadeamento do quadro depressivo (WAKEFIELD; HORWITH, 2010).

A positividade da tristeza na Psicanálise

Freud nunca patologizou a tristeza. Para a psicanálise (FREUD, 1917), ela é uma fase normal que todas as pessoas atravessam diversas vezes na vida. Após a passagem destas fases, a crise provocada pela tristeza fomenta possibilidades de mudanças nos nossos padrões habituais, tornando-se geralmente uma oportunidade de crescimento. Porém, diagnosticada apressadamente como depressão, pode-se inviabilizar — anestesiar — essa oportunidade, levando a problemas desnecessários.

Nesta perspectiva, colocando a questão em termos pragmáticos, a tristeza consiste em uma fase de transição que "sugere" que um ideal, padrão habitual de comportamento ou forma de relacionamento não cabe mais no presente. É como se "algo de nós" precisasse ser deixado para trás, "morrer", para uma nova forma de expressão da personalidade ganhar espaço. Desta forma, caso seja encarada como uma etapa normal, o transcurso dessa fase pode dar lugar ao enriquecimento da nossa personalidade. O atravessamento das fases de tristeza é correlato ao que Freud chamou de "trabalho de luto" (FREUD, 1915).

Perda, tristeza e luto são indissociáveis no pensamento freudiano. Em toda escolha há perda, em toda transição há luto. Quando perdemos um amor, quando deixamos para trás um ideal, passamos por estas fases — pequenos ou grandes lutos. São os momentos de tristeza e podemos apresentar parte dos sintomas de humor deprimido discutidos anteriormente. O desinteresse pela realidade externa é um dos mais frequentes. As perdas geralmente acarretam certo esforço para abandonar o objeto amoroso — seja uma pessoa, coisa ou ideal. Nestas fases de transição, o término da tristeza se dá por meio de um *processo de identificação*, correlato a este trabalho de luto.

Não faz parte do escopo deste livro apresentar a forma sofisticada como Freud (1917) tratou das engrenagens dos processos identificatórios. Mas, de forma simplificada, para entendê-los, precisamos partir do princípio de que o sujeito, tal como nos foi apresentado por Freud, é, por natureza, medroso em relação ao que conquistou e, sobretudo, frente à possibilidade de perder algo. A pulsão de autoconservação, aliada do princípio de realidade (FREUD, 1911), caracteriza o ego freudiano — a instância psíquica mais resistente a mudanças. Em outras palavras, não se abre mão da satisfação conquistada e já conhecida com facilidade. Sendo assim, frente a situações de perda, para que a tristeza passe é preciso que o sujeito vislumbre em seu horizonte a conquista de algo para por em seu lugar. Em termos psíquicos, isso ocorre por meio de um processo de identificação de caráter inconsciente, portanto, cuja natureza não se domina por meio da vontade racional. O sujeito se identifica com um traço — um aspecto qualquer — do "objeto" que está sendo perdido (FREUD, 1917). Transforma, sutil ou perceptivelmente, sua personalidade.

Trazendo um exemplo palpável: uma paciente do meu consultório particular saiu de uma fase de tristeza intensa associada ao fim de um namoro longo. Entre pequenas mudanças que conseguiu por em prática, com esforço considerável, uma chamou a atenção: a aquisição de um novo gosto por viajar. Depois de algumas sessões, compreendeu que essa característica era bem marcante em seu ex-namorado. Ela não sabia que havia atravessado o processo do luto, que se caracteriza por uma identificação com uma "parte" do objeto perdido, agora incorporada a sua forma de ser.

Portanto, só aceitamos perder este objeto amado canibalizando algo dele e trazendo conosco. Deste modo, a fase da tristeza passa. O atravessamento do luto, para Freud, a forma de o sujeito elaborar suas perdas, constitui a base do diagnóstico diferencial entre experiências sadias e patológicas. A "alquimia" do luto é essa: enriquecemos a nossa personalidade — nos tornamos mais complexos — a cada atravessamento de perdas.

Na primeira vez em que ministrei o curso sobre depressão no trabalho no TRF2, em 2011, encontrei uma participante, a quem darei o nome fictício de Laura e, como veremos oportunamente, iria me procurar posteriormente no consultório da Divisão de Saúde do TRF2. No momento do curso em que me ousei a trazer Freud para introduzir os aspectos positivos da tristeza, ela, achando ter encontrado a chave da felicidade, levantou uma questão que nunca mais esquecerei:

— Então, professor, é só eu "colar" em homens maravilhosos que depois de ser largada várias vezes serei uma pessoa maravilhosa?!

A pergunta foi tanto engraçada quanto bem colocada. Depois de rirmos um bocado, tive que jogar uma pá de cal nos seus sonhos de enriquecimento fácil.

— Pena que este processo é totalmente inconsciente, Laura... você pode atravessar o luto, se identificando, também, com aspectos não tão sedutores do objeto perdido. Você pode se tornar uma pessoa mesquinha, por exemplo. A pessoa que você vai se tornar tem muito mais a ver com sua própria bagagem subjetiva, que se entrelaçará com outras ao longo da sua vida: como não poderia deixar de ser, para Freud, o sujeito está sempre implicado; você sempre é o personagem principal da sua vida.

A psicanálise fala o tempo inteiro sobre perda, mas Freud nos encoraja a perder. A psiquiatria hegemônica nos amedronta diante desta palavra, facilmente convertida em sintoma depressivo, transformando a perda numa espécie de objeto fóbico — algo a ser temido — ou em tabu — algo a não ser sequer dito. Já a psicanálise nos empresta várias imagens sobre a perda nos incitando a falar sobre ela e a elaborá-la: somos um mosaico da história dos nossos objetos amorosos perdidos (FREUD, 1917) — uma complexa bricolagem modernista. A psicanálise freudiana nos deixa uma bela imagem sobre perda como herança e ensina, portanto, um paradoxo: perdendo é que se ganha.

Duas formas distintas de direção do tratamento da depressão em psiquiatria

Segundo Horwith e Wakefield (2010), em grande parte dos casos, o humor deprimido não deveria ser considerado um distúrbio, mas uma *adaptação* selecionada pela espécie — um "patrimônio evolutivo da humanidade" — um estado mental que, sem dúvida, traz um ônus real, mas que também produz benefícios concretos.

Uma dos benefícios mais relevantes das emoções negativas intensas é *suspender nosso funcionamento saudável*, fazer com que nos concentremos em alguma outra coisa por algum tempo (WAKEFIELD; HORWITH, 2010). Se não nos sentíssemos tristes após um fracasso, não daríamos um passo atrás para uma introspecção e talvez não mudássemos nossas estratégias; poderíamos avançar às cegas, afirmam Wakefield e Horwith. Contudo, o campo da psiquiatria não é unânime quanto aos benefícios do atravassamento de fases de tristeza tal como defende os autores e a psicanálise. Suspender nosso funcionamento normal por algum tempo habita o cerne da discórdia: por quanto tempo? O que ocupa a mente do paciente neste momento? Este tempo de recolhimento produzirá, de fato, efeitos terapêuticos? Acompanhar esta discussão nos conduzirá ao âmago da divisão no campo da psiquiatria entre duas formas distintas de condução do tratamento do quadro depressivo.

Defendendo a suspensão do funcionamento normal do paciente como estratégia adaptativa para a melhora da depressão, Wakefield e Horwith acrescentam: é falsa a ideia de que o sujeito com baixa de humor *não* tem concentração. De fato, não a possui para questões simples e banais do dia a dia, mas, por outro lado, concentra-se no problema pelo o qual passa, colocando toda a sua criatividade na solução desse problema. Em outros termos, possui concentração para problemas complexos e analíticos como aquele que atravessa. Já o antidepressivo devolve a atenção às questões cotidianas da vida e, ao mesmo tempo, dificulta a concentração momentaneamente em assuntos complexos (EHRENBERG, 1998).

A quantidade de tempo concedida à suspensão das atividades normais da vida parece ser o cerne da discordância das abordagens clínicas no campo da saúde mental: *até que ponto se precisa acelerar o processo de retorno da iniciativa para o cotidiano do sujeito e até que ponto o atravessamento natural das fases de baixa do humor traria reais benefícios emocionais?*

Como consequência do desacordo, podemos nos deparar com abordagens psiquiátricas discordantes sobre o tratamento da depressão. Sem adentrarmos nas inúmeras nuances relacionadas à clínica psiquiátrica, o que fugiria tanto da minha competência técnica quanto do escopo deste trabalho, indicaremos aqui apenas as duas possibilidades de intervenção mais divergentes quanto à condução do tratamento. Grosso modo, na primeira, do ponto de vista terapêutico, o protocolo se limita a "descrever os sintomas, prescrever o farmaco correto e, eventualmente, recomendar psicoterapias, sobretudo, cognitivista" (COSTA, 2015, p. 172). A indicação seria entrar com o antidepressivo logo na primeira fase da depressão. O intuito é, sobretudo, recuperar a capacidade de iniciativa do paciente (EHRENBERG, 1998). Na segunda forma de abordagem, para aqueles psiquiatras que acreditam que a produção de sentido sobre as causas que levaram ao quadro depressivo é decisiva para a recuperação do paciente, privilegia-se a psicanálise ou psicoterapia. Utiliza-se o antidepressivo, em regra, apenas se o quadro evoluir em direções mais graves. No primeiro caso, as chances de retorno à vida produtiva mais rapidamente são maiores. No segundo caso, pode-se manter por mais tempo o sofrimento — e a pessoa, provavelmente, afastada do trabalho - com chances maiores de produção e elaboração de sentidos em torno das origens do mal-estar.

Se uma parte do campo da psiquiatria trata dos sintomas, das dificuldades e inadaptações nomeáveis, e não do sofrimento que elas trazem, e a psicanálise, por sua vez, aborda o sofrimento e não diretamente os sintomas, não podemos esquecer que a oposição entre estas narrativas trava um jogo político. Nele, está em cena a escolha sobre quais "formas de sofrimento que devemos reconhecer e legitimar, como parte de uma aspiração a tratamento ou modificação, e quais são as formas de sofrimento que devemos silenciar e tolerar, como parte de um modo de vida ou de uma condição de existência" (DUNKER, 2015, p. 71).

Porém, estas são as diferenças mais objetivas. Existem as diferenças éticas. Deste ponto de vista, pode-se afirmar que a intenção da psiquiatria vigente é proteger o indivíduo do encontro trágico com sua consciência de finitude que o leva, invariavelmente, a conviver com frustrações, derrotas, dilaceração. Por outro lado, esta mesma condição de existência possibilita algo único ao ser humano: "o exercício da sua liberdade. Ao nomear a angústia de existir por meio de categorias patológicas, a psiquiatria transforma uma condição ontológica essencial num espaço a ser regulado por intervenções de roupagem técnica, cuja vocação moral normatizadora mal se esconderia por trás das reivindicações de neutralidade científica" (BEZERRA, 2015, p. 9).

Quanto, ainda, às diferenças éticas, não seria mais prudente envolver o paciente no seu tratamento, fomentando a possibilidade de pensar sobre "qual é a minha parte neste problema"? O pseudoconforto em imaginar que foi acometido por uma doença — peguei uma gripe, estou com câncer, tenho depressão — é vão. Colocar toda a questão em termos químicos, como faz a psiquiatria que se pauta no *Manual diagnóstico e estatísticos de transtornos mentais*, como numa bíblia, com força de Lei (DUNKER, 2015), esvazia a questão ética — a perspectiva da discussão que engaja o sujeito a compreender o sentido do que se passa com ele. Desta ótica, parece-lhe haver uma divisão fictícia entre uma espécie de sofrimento justificado e outro completamente aleatório. Completa Solomon (2014):

> A palavra química parece mitigar os sentimentos de responsabilidade perante o esgotamento causado pelo fato de não gostarem dos seus empregos, de se preocuparem com o envelhecimento, de fracassarem no amor, de odiarem suas famílias (p. 20) [...] Estou deprimido, mas é só químico é uma frase que equivale a dizer "Sou assassino, mas é só químico" ou "Sou inteligente, mas é só químico" (p. 20/22).

Solomon (2014), Dunker (2015) e Wakefield e Horwith (2010) insistem que nada existe fora do mundo — e participamos, queiramos ou não, na cocriação deste mundo. Por o acento na química, desculpabilizando-nos por nossos infortúnios, parece uma forma bizarra de dizer que nada do que acontece tem a ver conosco. Se a oposição entre estas narrativas trava um jogo político, faz parte da dimensão ética inerente a nossas escolhas individuais optar por qual tipo de tratamento é mais pertinente para a forma de vida, de sofrimento e de mundo que desejamos.

Por que temos hoje um índice tão alarmante de depressão? Esta é a questão que norteará nossa discussão até o final da primeira parte deste livro. O sociólogo francês Alain Ehrenberg (1995, 1998) afirma que a sociedade contemporânea é o cenário responsável pelo aumento vertiginoso dos quadros depressivos. Devido a sua relevância para o nosso argumento, a hipótese do sociólogo será desenvolvida nos três próximos capítulos. Ela será fundamental para realizarmos a ponte com o mundo do trabalho, ampliando a questão: por que a sociedade pós-disciplinar e, sobretudo, as Organizações contemporâneas são produtoras de depressão?

Capítulo 2

DO DEVER DA NEUROSE À DÍVIDA DA DEPRESSÃO

Imerso no imaginário moderno da submissão a uma autoridade que lhe transcende — dividido entre a lei encarnada nas normas sociais e o seu desejo (FREUD, 1900) —, o sujeito neurótico tem no conflito entre o proibido e o permitido o motor do seu sofrimento. Tal conflito, contudo, parece não tirar mais o sono nem habitar, como antes, os sonhos dos pacientes que procuram a psicanálise. As depressões advêm na atualidade trazendo novos contornos ao sofrimento psíquico.

A máxima de Dostoievski, proferida por seu personagem Ivan Karamázov — "Se Deus não existe ... tudo é permitido" — parece atualizar-se no principal marco dessa transformação: o declínio da autoridade simbólica lança o sujeito contemporâneo a uma nova oscilação entre o possível e o impossível. Tal máxima atualiza-se, sobretudo, na inconstância emocional daqueles que, desprovidos de qualquer referência, parecem viver acima de qualquer Lei: pode-se dormir um dia presumindo-se que esse mundo não está à altura das suas capacidades e, outro dia, não dormir duvidando estar-se à altura desse mesmo mundo. Em todo caso, há uma única certeza: nem sempre a insônia — sintoma típico da depressão — nos convence, como canta o poeta, de que o céu faz tudo ficar infinito. A finitude permanece provocando ansiedade sob a égide de um novo mal-estar: a vergonha de se sentir insuficiente.

Neste capítulo, introduziremos a hipótese do sociólogo Alain Ehrenberg sobre os altos índices de depressão na sociedade atual. Serão analisados aqui os efeitos humanos dos novos ideais sociais transmitidos na contemporaneidade — a autoresponsabilização, a iniciativa e a autonomia (EHRENBERG, 1998). Como a discussão sobre a autonomia terá uma presença marcante neste estudo — sendo parte do problema, associando-se às depressões atuais, e parte da solução, compondo um dos ingredientes principais do incremento das nossas motivações — trataremos o ideal social de autonomia, enfatizado pelo sociólogo como fator que contribui para a depressão, como *independência*, palavra a qual o autor igualmente recorre em seu argumento com o mesmo sentido da primeira. Na segunda parte deste livro, introduziremos um sentido mais amplo de autonomia.

Embora os ideais sociais emergentes na sociedade pós-disciplinar sejam indissociáveis e, portanto, cada um deles imiscua-se em vários momentos na nossa reflexão, o primeiro deles terá destaque especial. O segundo e terceiro — a iniciativa e a independência — serão mais abordados nos capítulos 3 e 4, dando continuidade à discussão do sociólogo, quando aprofundaremos situações relacionados à produção da depressão no universo corporativo. Desta forma, a análise das consequências humanas desta nova configuração social preparará terreno para os dois próximos capítulos adentrarem no campo organizacional com mais propriedade: como as empresas atuais podem transmitir tais ideais, colaborando para o aumento do sofrimento causado pela depressão? Esta discussão possibilitará, por sua vez, realizarmos o caminho inverso na parte II deste trabalho: como as Organizações podem prevenir que tal mal-estar se propague no ambiente de trabalho?

A hipótese de Ehrenberg sobre o aumento dos quadros depressivos na atualidade nos convida por um passeio sobre a mutação da sociedade moderna para a contemporânea — da sociedade disciplinar para a pós-disciplinar, como prefere descrever Ehrenberg (1998). O autor articula sociologia com psicanálise como poucos: neste passeio pelas transformações sociopolíticas advindas da transição para a sociedade pós-disciplinar, o autor discorre sobre a mudança de coloração no sofrimento psíquico, intimamente relacionada com a nova dinâmica social: da predominância do conflito neurótico ao sofrimento depressivo nos consultórios psicanalíticos. De forma engenhosa, Ehrenberg indica como esta nova modalidade de processo de subjetivação — o sujeito com depressão — é produto e, simultaneamente, produtora da sociedade atual. Ressalta, acima de tudo, como a explosão da depressão pode ser um analisador e um indicador dos limites da contemporaneidade, denunciando seus excessos e apontando as suas urgências.

Esta profunda transformação da nossa sociedade associa-se a um marco histórico-político: o chamado declínio da autoridade simbólica, contemporâneo às intensas mudanças na psiquiatria hegemônica ocorridas a partir da terceira edição do DSM, de 1980. Cabe uma rápida apresentação deste pano de fundo histórico para melhor compreendermos as dimensões desta transformação e suas consequências humanas.

O declínio da autoridade simbólica na contemporaneidade

O declínio da autoridade simbólica vincula-se, no plano subjetivo, à crise das categorias de neurose, conflito e culpa em prevalecência das de depressão, insuficiência e vergonha. Segundo Ehrenberg (1998), as depressões se proliferam com intensidade a partir da década de setenta. A partir deste mesmo período, acrescenta, o modelo disciplinar e as regras de conformidade aos interditos sociais cedem espaço aos ideais de iniciativa, responsabilidade e independência. Se a neurose testemunha um mal-estar da culpabilização imerso no imaginário da Lei e da disciplina, a depressão contemporânea deflagra um sofrimento relacionado à responsabilidade de si, uma espécie de "doença da autonomia".

A crise da autoridade simbólica advém em meio ao movimento de questionamento da primazia das normas disciplinares da sociedade moderna em detrimento das nossas escolhas pessoais, iniciado na década de 1960. Apesar de manifesta politicamente a partir da década de 1970, a crítica das formas de autoridade tradicionais tem um longo caminho, estando em curso na era moderna desde os seus primórdios (FARAH; HERZOG; MOGRABI, 2006): o nascimento da própria modernidade caracteriza-se por este declínio dos imperativos da tradição (ARENDT, 2003). Hoje, esta crise já ultrapassa as discussões acadêmicas e é difundida largamente nas revistas que orientam o grande público, desamparado das antigas formas de regulação do laço social. O declínio da autoridade do pai, do professor, dos políticos, dos gestores passa a ser tema das conversas cotidianas: como educar meus filhos que parecem nada obedecer? Como gerenciar minha equipe que parece precisar de novas formas de motivação para engajar-se em projetos, diferente da mera obediência às regras inscritas nas instituições normativas da empresa?

O direito de escolher como levar a própria vida era o centro das reivindicações. Em termos políticos, o movimento era anti-institucional: a escola era vista como uma prisão, a família como um contrato impossível, o manicômio como forma de violência em cuja história injustificável a modernidade não soube lançar luz. A desinstitucionalização reivindicada pelas manifestações culturais associava-se, na esfera subjetiva, a um processo de desidentificação. Não se desejava mais se identificar com os exemplos parentais, tampouco se submeter à lei proferida pelo Pai, tal como descreve a psicanálise o cerne do processo de subjetivação. Em termos antropológicos, havia o desejo de abolir a antiga visão de que os interesses individuais — a perspectiva pessoal — era o problema da sociedade. "Assiste-se a um recuo de uma representação opondo indivíduo e sociedade, indivíduo que é preciso ser enquadrado pelas normas disciplinares com a finalidade de socializá-lo e de proteger a sociedade dos seus excessos" (EHRENBERG, 1998, p. 150). Não seriam os excessos do desejo pessoal, portanto, a possível fonte de violência e desequilíbrio: os excessos das regras disciplinares da sociedade vigente causavam constrangimentos às pessoas — tal foi a reviravolta paradigmática. Na agenda estava, de fato, a celebração dos direitos pessoais: do divórcio, do aborto, da igualdade dos sexos.

Neste sentido, cabe uma ponderação a respeito do que discutimos sobre o DSMIII, produzido em 1980, no início, portanto, da sociedade pós-disciplinar. Como o Manual pode desprivilegiar o contexto histórico-social, transportando todo o ônus do sintoma emocional para os ombros do sujeito? Ele não parece operar na contramão deste movimento que lhe é contemporâneo? Como a produção deste Manual não deixa de ser um produto cultural (ZORZANELLI, 2015) e de extrema relevância para compreendermos os jogos de força que levam ou auxiliam a retirar o sujeito do quadro depressivo, nos atemos brevemente nesta dissonância.

Uma vez que, como vimos, para a psiquiatria hegemônica, o contexto histórico e social *não pode ser visto como a causa da tristeza intensa*, há a tendência de conceber a depressão, ela em si, como uma importante desencadeadora de problemas sociais, incluindo a dependência a drogas e a pobreza (WAKEFIELD; HORWITH, 2010). O que esta premissa gera? A primeira ação costuma tratar o indivíduo deprimido e, após, então, ajudá-lo a superar os desafios sociais, seguindo, assim, as orientações do Manual. Ora, contudo, a tristeza intensa tem muito mais probabilidade de ser a *consequência, e não a causa* de problemas sociais.

A este respeito, pesquisas comprovam que pessoas com sintomas de depressão, em situação de extrema pobreza material e afetiva, melhoram significativamente quando o quadro de miséria muda, deixando claro que não tinham depressão anterior: a situação estressante duradoura é que causava os sintomas (WAKEFIELD; HORWITH, 2010). Não se sobrecarrega demais o indivíduo, responsabilizando-o inteiramente por suas mazelas, de acordo com esta abordagem hegemônica? Reconhecer o impacto do contexto social nas emoções humanas significa que a ação imediata adequada seria tratá-lo. Não haveria um esvaziamento das questões políticas e sociais, encarando o problema como um problema do indivíduo *a priori*?

Esta abordagem, que Dunker intitula "dispositivo diagnóstico com força de lei e poder disciplinar" (DUNKER, 2015, p. 94), tornou-se hegemônica em psiquiatria a partir de 1980, com o DSMIII, portanto, na mesma época em que a sociedade pós-disciplinar reivindicava — em termos epistemológicos e políticos — exatamente o oposto. Colocar o ônus dos impasses sociais ou emocionais na dimensão individual demarca territórios opostos: as aspirações de mudança da sociedade contemporânea e os ideais inscritos no racionalismo cientificista da psiquiatria majoritária pertencem a campos distintos.

Do neurótico que eu sou à depressão que eu tenho

A mudança sociológica entrelaça-se não só com a transformação antropológica — na formação das subjetividades — mas com uma mutação semântica indicativa do posicionamento do sujeito frente ao seu sofrimento. Qual é a diferença entre afirmar "eu sou neurótico" e "eu tenho depressão"?

Comecemos pela neurose. No senso comum, quais são as primeiras ideias que vêm à mente quando se escuta "eu sou neurótico"? O imaginário da neurose gravita em torno de uma pessoa perturbada por seus pensamentos, que geralmente problematiza tudo, imersa em conflitos. A palavra conflito é central na neurose: um sujeito dividido entre as normas sociais, já internalizadas como sendo suas, e seus desejos inconscientes de transgredi-las (FREUD, 1900). Apesar de tratar-se de um conflito inconsciente, o sentimento de estar em meio a uma disputa de interesses de duas partes de si em eterno litígio faz-se presente na inquietação, geralmente característica do sujeito neurótico. Tal inquietude atrela-se a certa compreensão interna de que é produtor deste conflito, o que traz sofrimento, mas também possibilidade de mudança. Ora, esta percepção, incômoda ou não no nível consciente, fomenta maior implicação com sua neurose; ele produziu este conflito ao longo de sua história, podendo, assim, afirmar: "eu sou o sujeito do meu conflito". Por este prisma, há no horizonte a possibilidade de "deixar de ser" neurótico, ao menos "ser menos" neurótico — a fantasia da cura, no sentido freudiano.

O motor desta implicação é o sentimento de culpa (FREUD, 1929), sem dúvida: "tenho estes desejos 'fora da lei' e sou culpado por eles" — paga-se um preço pelos desejos transgressivos. A culpabilização entre o que o social lhe impõe como regra e o que ele secretamente deseja é o motor do sofrimento e, simultaneamente, o que leva o sujeito neurótico a poder se engajar em tratamentos psicoterápicos: "sou isso, faço parte disso, então, eu posso deixar de ser".

E o que dizer do sujeito que tem depressão? Com o verbo "ter", o sentido é outro. Levando este jogo semântico às últimas consequências, o deprimido não precisa, necessariamente, engajar-se em processos de cura para "deixar de ser deprimido" — ele não está deprimido, tampouco é deprimido: no senso comum, a depressão muda de categoria para algo que o sujeito contemporâneo *possui*. Por esta perspectiva, assistimos ao deslocamento de uma concepção de sujeito culpado para o de vítima de um processo, desculpabilizando-lhe por seu destino. Afinal de contas, ele não é neurótico, ele possui uma doença. A passagem é essa: do sujeito da ação culpada e, por isso, neurótica, para objeto da doença (ele tem depressão ou a depressão o tem?).

Levando mais uma vez este jogo semântico entre ser e ter às últimas instâncias, o sujeito que tem depressão não precisa engajar-se em processos de cura porque ele não vai deixar de ser deprimido: este — "deixar de ser" — é o jogo de linguagem do neurótico. Não vai deixar de ser deprimido por meio de uma psicoterapia que reoriente o conflito porque simplesmente não há conflito neurótico, muito menos culpabilização pelo conflito. O problema da depressão contemporânea, diferente da melancolia descrita por Freud, é outro — não é a culpa.

Vários autores, da psicanálise ou mesmo fora do campo da saúde mental, voltam-se para este ponto fundamental. Dunker é categórico: "qual seria sua implicação em um estado de adoecimento contra qual ele nada pode, pois afinal é seu cérebro que o domina (DUNKER, 2015, p. 97)? Solomon nos lembra, mais uma vez, as questões éticas em retirar a implicação do sujeito com seu sofrimento, colocando o ônus na química:

As pessoas que vão aos consultórios queixando-se de cólicas ouvem frequentemente as palavras: "Ora, não há nada de errado com você, só está deprimido" [...] Se alguém se queixa de problemas respiratórios, ninguém lhe diz: "Ora, não há nada de errado com você, é só um enfisema" [...] Junto com a química, vem uma agradável liberação de culpas. Se seu cérebro é predisposto à depressão, você não precisa se culpar por isso (2014, p. 20).

Mas se a culpa engaja o neurótico, constituindo argamassa para sedimentar o laço social, com poder suficiente para trazê-lo ao consultório psicanalítico e atrelá-lo a um processo de cura, o que leva à ação o sujeito que tem depressão e, geralmente, menos interesse pelo mundo exterior?

A responsabilidade e a vergonha são dois ingredientes centrais para entendermos o sofrimento manifesto na depressão na atualidade. Se a culpa leva o sujeito a sofrer e, simultaneamente, a poder engajar-se em um processo de cura, a responsabilidade cumpre o mesmo papel, fazendo o paciente com depressão sofrer e comprometer-se; porém com uma diferença: não se trata de cura, mas de um tratamento sem fim. Passamos de um paradigma de tratamento centrado na cura para o da autogestão do bem estar permanentemente, a era da qualidade de vida.

A exigência de se responsabilizar constantemente pelo seu bem estar é emblemática para o sujeito contemporâneo, e desdobra-se em outras direções cruciais para a elucidação do que está em jogo na depressão atual.

Responsabilidade pelo que se tem e pelo que não se tem

O sujeito contemporâneo é, de fato, muito responsável; na verdade, ele *tem* que ser. A sociedade contemporânea — supervalorizando as escolhas pessoais no lugar da submissão às normas que orientavam a conduta dos sujeitos — impõe esta necessidade.

A depressão colabora significativamente para este quadro, dando contornos a este movimento incessante de autorresponsabilização. Afinal, sem o imaginário da cura e, consequentemente, de alguém — o psicanalista — que forneceria, imaginariamente, o norte deste processo, todo e qualquer horizonte precisa ser constantemente inventado pelo sujeito. A autogestão do que tem — sua depressão — materializa-se nas idas mensais ao psiquiatra, nas conversas semanais com seus psicoterapeutas, nas revistas sobre o tema que compram, nas pesquisas na internet, nas conversas com amigos sobre o assunto, hoje em dia tão público quanto privado.

A agenda de preocupações do paciente com depressão, contudo, não se resumem a esta lista. Além do que se tem — a depressão — responsabiliza-se, também, permanentemente pelo o que *não* se tem. Ele tem consciência de que tem um mal, mas, também, de que não tem muitos bens — sente-se sempre em falta. E ele se imbui da responsabilidade de suprir estas deficiências.

Aqui entra uma segunda marca do sujeito com depressão na atualidade que se associa ao seu senso de responsabilidade: a vergonha. Este sentimento, segundo Freud (1914), está ligado ao narcisismo, que podemos descrever, de forma simplificada, como a forma como nos vemos associada ao sentido que damos a parcela de amor que imaginamos receber do outro. O que cabe ressaltar para os nossos fins é o sentido *pessoal* da vergonha, aliada ao narcisismo. Se a culpa encurrala o sujeito entre os interesses sociais e os individuais, o sentimento de vergonha cresce num mundo que põe todo o relevo na perspectiva pessoal. Pois, "se eu não tiver todos os atributos e qualidades necessárias, como o outro vai me ver e amar"?

Não estamos mais no terreno de Édipo e do temor de ser castigado por desejar o proibido, mas no de Narciso. Este é mais frágil do que o herói trágico; sente-se ameaçado, mas sua angústia não se liga a nenhum teor transgressivo, mas à própria autoimagem: ao medo de deixar de ser amado e admirado. Pode-se afirmar que com a crise da autoridade simbólica, caracterizada pela passagem da sociedade disciplinar para a pós-disciplinar, em termos sociológicos e, em termos psicanalíticos, pelo declínio do Complexo de Édipo e a ascensão do Narciso, o sujeito culpado por desejar o proibido passa a se sentir inferior por não atingir o impossível. O slogan "tudo é possível" sintetiza outro ideal social propagado pela sociedade pós-disciplinar, além da responsabilidade: a iniciativa (EHRENBERG, 1998). "Se você tem iniciativa, você pode chegar lá" — a ideia é essa.

A iniciativa é o segundo ideal social apresentado por Ehrenberg como possível fomentador dos quadros de depressão na atualidade. A discussão sobre os seus efeitos será aprofundada no capítulo 4, associados ao ideal de independência. Neste momento, cabe apenas sinalizar a colagem da ideia de iniciativa com a dialética do possível versus impossível. Na sociedade contemporânea, a associação da autorresponsabilização de cada um pelo seu destino com a primazia da iniciativa pode ser compreendida por meio de uma mudança significativa nas preocupações cotidianas do sujeito na contemporaneidade: *do dever de obedecer para o ser capaz de fazer*. O declínio da dialética permitido--proibido, característica do ideal de obediência neurótica, fomenta uma nova oposição — a oscilação possível versus impossível. A colagem entre ter iniciativa, a necessidade de multiplicar suas capacidades e, ainda, atingir o impossível amplia mais o senso de responsabilidade do sujeito na contemporaneidade.

Do dever de obedecer ao ser capaz de fazer

O que nos impõe como nova exigência a passagem da primazia do dever de obedecer ao ser capaz de fazer? Já foram introduzidas algumas noções da psicanálise no primeiro capítulo quando foi discutida a tristeza e sua relação com o luto (FREUD, 1917). Agora, é o momento de continuarmos a caminhar com alguns conceitos freudianos para fortalecer nosso argumento. Estes conceitos serão relevantes para os próximos capítulos da primeira parte deste livro, cabendo aqui apenas introduzi-los. Tentaremos ser didáticos para os leitores não familiarizados com a psicanálise.

O advento da sociedade contemporânea marca a crise dos meios de regulação caracterizados pela coerção, repressão, punição e culpabilização em benefício de novas formas de ordenação do campo social. Estas são marcadas por uma espécie de engajamento voluntário do sujeito, pela colaboração, palavra que adentrou as organizações a partir da década de 1990. A passagem mencionada do dever de obedecer para o ser capaz de fazer ilustra perfeitamente esta transformação. De certo modo, o senso de capacidade — âmago do narcisismo e centro nevrálgico do sentimento de vergonha — parece ser convocado para operar no referido engajamento. O capítulo 4 — onde será discutida a gestão por competências, tecnologia de gerenciamento em voga nas Organizações — conferirá especial destaque a esta problematização.

Em termos psicanalíticos, é o superego a instância psíquica vinculada à coerção, punição e culpabilização. Freud descreve o sujeito por meio da imagem de um campo de batalha — daí a ideia de conflito intrapsíquico. De forma bastante simplificada e resumida, teríamos o id, o ego, o superego e as instâncias ideais — ego ideal e ideal do ego. O ego nos fornece o senso de identidade, mas não representa, portanto, todas as facetas do sujeito. Vinculado à razão, é a instância psíquica mais frágil de todas, em meio à luta constante entre os interesses do id e do superego. O famoso aforisma freudiano, o ego não é senhor em sua própria casa (1916) resume a condição acuada desta instância racional, tentando — em vão — negociar com demandas contraditórias das outras instâncias psíquicas: o id, desejando a liberdade absoluta de expressar suas pulsões sexuais e agressivas; o superego, defendendo, com semelhante contundência, a tradição e a lei paterna, proveniente das regras morais da sociedade, incorporadas pelo sujeito. O grande conflito do sujeito neurótico é entre seu ego e seu superego: o dever de obedecer às normas sociais, internalizadas desde a infância, e o desejo de tudo transgredir a partir dos impulsos provenientes do id.

Com o declínio da autoridade simbólica que dá origem à sociedade pós-disciplinar, a face repressora e interditora do superego entra em crise. Ultrapassar as barreiras do proibido não é mais questão: entre em cena a dialética possível versus impossível. Esta nova oposição traz consequências para o sujeito contemporâneo. Ora, se por um lado, deparar-se com proibições frente ao seu desejo, conformando-se às normas sociais pode gerar conflitos, ao menos a noção de "proibido" traz consigo um ponto de basta, uma barreira ao desejo sem fim do sujeito neurótico. Ele terá fim? Não exatamente, mas terá que tomar outras direções: a arte, a escrita, os amigos e tudo o que se pode inventar para represar esta energia e desviar a sua finalidade.

Com a convicção contemporânea de que "tudo é possível" as questões são outras. Se frente ao proibido, o sujeito precisa recuar e dar conta do seu conflito internamente — sem levar seus desejos transgressores a cabo —, podendo inclusive dedicar-se a um tratamento psicanalítico, que tem como o horizonte o processo de cura, como recuar frente a uma sociedade que acena com a conquista do impossível? Ora, se a responsabilidade pelo o que se tem — no exemplo do sofrimento do sujeito que tem depressão — não possui fim, devendo engajar-se, permanentemente, na busca do seu bem estar, a responsabilidade pelo o que não se tem também não possui fim: o imaginário social provoca o sujeito, afirmando que ele pode chegar lá — rumo ao impossível. Para tornar mais palpável o nível do sofrimento desta nova dinâmica intrapsíquica, traremos um exemplo de uma Organização.

Nem sempre a insônia nos convence de que o céu faz tudo ficar infinito

Um magistrado, inúmeras vezes, chamou a atenção de um funcionário por ele não saber do seu posicionamento frente a um processo jurídico que deveria entrar em pauta para ser julgado. Quando o funcionário se desculpou e, finalmente, perguntou qual seria o posicionamento correto, o referido magistrado o surpreendeu com sua resposta: "Você me conhece há anos, você deve saber". Ocorre que a realidade organizacional de um Tribunal não é tão simples assim. São vários processos diferentes, milhares de jurisprudências e diversas interpretações possíveis. O funcionário, de fato, não sabia. Ele levou o processo para casa. Passou noites de insônia tentando adivinhar o posicionamento do magistrado, literalmente o interpretando e tentando se colocar no lugar dele para descobrir. Este magistrado, pouco a pouco, noite a noite, misturava-se ao "dever de casa", imiscuindo-se ao enigma: não mais o seu posicionamento em si frente ao processo, mas ele próprio tornara-se o objeto de noites de pesquisa.

Obviamente, ninguém atenderia aquela meta. Contudo, o servidor, responsável e dedicado, nunca parecia satisfeito: "se eu tentar mais eu consigo, claro, afinal de contas, trabalho com ele há 18 anos, sou capaz de saber o que ele pensa a respeito". A mistura dos limites entre ele e seu superior hierárquico, entre trabalho e casa, transpunha-se para o começo das ruminações obsessivas, sendo o gatilho para tornar, também, obcecado por si próprio. Banhadas de café, estas noites insones não foram poucas; já eram sintomas de um quadro depressivo.

Neste sentido, o "ser capaz de fazer" tomando o lugar do "dever de obedecer" pode ser mais danoso ainda para as subjetividades: é comum imaginar que — mesmo tendo já fracassado inúmeras vezes nesta busca de ser capaz de realizar a meta — ainda é possível tentar mais um pouco: "o fracasso é meu, fui eu que não tentei o suficiente, mas sou capaz de conseguir". É como se o sujeito não conseguisse se desligar de uma missão impossível. Ele ficou um ano afastado por depressão.

Quando entro nesta temática complexa no curso sobre depressão no trabalho que ministro, gosto de provocar a turma com a seguinte pergunta: por que a equipe de saúde concede licenças médicas a pessoas com depressão, mas não propriamente por impasses relacionados à neurose?

O senso de capacidade evoca o narcisismo do sujeito e esta é uma questão delicada, envolvendo não só a vergonha de não conseguir, mas a ideia de que não será amado, como era antes, se fracassar — de não estar mais à altura do que é esperado dele. Nesta perspectiva, ter que obedecer às normas em detrimento do seu desejo de autonomia pode comportar um gosto amargo de derrota, mas, ao menos, é uma questão compartilhada — é uma produção conjunta, social. Já o fracasso em não ser capaz atinge o sujeito e a sua autoimagem: a responsabilidade é pessoal, inteiramente dele — eis a problemática da depressão, envolvendo o narcisismo. Muitas vezes, o abalo à autoimagem de "não ter sido capaz" é tão violento que o funcionário pede para mudar de setor de trabalho, mesmo gostando do que faz.

Coloquemo-nos agora no ponto de vista deste funcionário que, após licença de saúde prolongada por depressão, decide mudar de setor de trabalho. O que ocorreu de tão violento à sua imagem narcísica? Mais uma vez, como diz Freud, os Poetas estão sempre à frente da psicanálise na compreensão da alma humana. Em *O demônio do meio-dia*, temos esta passagem elucidativa:

> Experimentar a decadência não é agradável, ver-se exposto às devastações de uma chuva quase diária e saber que está se transformando em algo débil, que uma parte de si cada vez maior vai pelos ares com o primeiro vento forte, transformando-o em alguém cada vez menor. Alguns acumulam mais ferrugem emocional do que outros. A depressão começa do insípido, nubla os dias com uma cor entediante, enfraquece ações cotidianas até que suas formas claras são obscurecidas pelo esforço que exigem, deixando-nos cansados, entediados e obsecados por nós mesmos (Salomon, 2014, p. 17).

Para o funcionário, neste momento de abalo de suas convicções, o olhar do outro não espelhava mais aquilo que ele julgava ser. Seu senso de iniciativa, responsabilidade e independência foram embargados. Tornar-se — subitamente — despossuído dos seus atributos. Um completo estranho, uma mala vazia, cujas roupas vestiam-no, por vontade própria, que não a sua, sem nenhuma familiaridade, como se sua própria pele não lhe caísse bem, estivesse apertada demais. Não se sente mais ele mesmo. Mas, "ser você mesmo" — emblema das manifestações que marcam o advento da sociedade pós-disciplinar — é sustentar a suposta expectativa que o outro lhe impõe?

Ser você mesmo?

Mas o que é, afinal, "ser você mesmo"? O que traz de diferente este enunciado em relação ao dever de obedecer às normas e se identificar com os exemplos já estabelecidos da era moderna? Isso é possível? Não estaria em contradição com o que foi exposto previamente, que o imaginário social provoca o sujeito seduzindo-o com a promessa que ele pode chegar lá, em direção ao impossível? Ser você mesmo é, afinal, apelar para tamanha flexibilidade em se transformar incessantemente a ponto de não ter contornos?

Do ponto de vista da psicanálise, as instâncias psíquicas mais propriamente vinculadas ao "vir a ser" do sujeito são o superego e o ideal do ego. Elas provocam o ego racional e conservador — que se orienta no escopo do permitido e do possível — a mudar. Não iremos aprofundar aqui o conceito de ideal do ego que será trabalhado no capítulo 4. No momento, cabe apenas apontar que, com o declínio do superego na atualidade, resta ao ideal do ego assumir a frente da negociação como ego diante do por vir no processo de formação da subjetividade (GAULEJAC, 2007; EHRENBERG, 1998).

Contudo, a parceria dessas duas instâncias — superego e ideal do ego — no processo de subjetivação fomenta uma perspectiva de mudança mais amena ao ego medroso e conservador. Ele se lança ao futuro, sentido como impossível, porém, com a rede de proteção do proibido: não se pode tudo nesta aventura. Com o declínio do poder do superego, o cenário muda: o vir a ser não possui mais limites e o ego é convocado a uma viagem insólita, a transformar-se permanentemente rumo ao impossível. Para a racionalidade egóica, esta experiência pode ser aterrorizante. Impasses, de teor inibitório, relacionados à mudança — como o pânico, uma espécie de medo do medo —, que tornaram-se tão comuns na sociedade pós-disciplinar, testemunham o terror do ego na atualidade.

Mas, qual é o motor desta transformação promovida pelo ideal do ego? Os ideais sociais, como já indicamos. O ego irá se transformar por meio da interface dos processos identificatórios e idealizatórios, para ser amado, admirado, aceito e se sentir em conformidade com o que se espera dele: ter iniciativa, ser independente e responsável, no caso da sociedade contemporânea.

Os ideais aos quais aderimos não nos são apresentados do nada. São propagados socialmente e transmitidos por aqueles que amamos e admiramos: pais, professores, gestores, corporações. Se virarmos o parafuso desta problematização, podemos ver, portanto, que os muros não foram, de fato, demolidos, e o enquadre continua demarcado pelo social. São as instâncias intrapsíquicas mais perpassadas pelo social — o superego e, sobretudo, o ideal do ego na sociedade pós-disciplinar — que comandam o vir a ser do sujeito (FREUD, 1920). Ser você mesmo é — paradoxalmente — responder às exigências inflacionadas do outro. É responder ao impossível.

O exemplo do funcionário que teve como meta adivinhar o posicionamento do seu gestor frente a uma jurisprudência é emblemático. Sendo responsável, mesmo sem que ninguém lhe desse esta diretriz, teve a iniciativa de levar processos para estudar em casa e, de forma independente, virando noites de insônia, tentou se colocar no ponto de vista dele. A passagem do dever de obedecer ao ser capaz de fazer, rumo ao impossível, portanto, mantém o senso da dívida. Em última instância, o peso do dever só muda de embalagem sintomática — de *tendência obsessiva* à *compulsiva*: este funcionário também deve, não mais à obediência regulada pela norma, mas ao olhar do outro, à responsabilidade inesgotável de suprir suas insuficiências para conseguir ser, finalmente, o inverso de si mesmo.

Capítulo 3

GESTÃO POR COMPETÊNCIAS OU DA INSUFICIÊNCIA?

Como a empresa, incorporando os ideais sociais propagados na sociedade contemporânea sem crivo crítico, pode colaborar para a produção da depressão no trabalho?

O interesse dos dois capítulos que se seguem é analisar como o sujeito com depressão na atualidade é *convocado* à *ação* no universo corporativo. Para isso, avançaremos ao lado de Ehrenberg na problematização da depressão no ambiente de trabalho, aprofundando a discussão em torno dos segundo e terceiro ideais sociais propostos pelo autor — a iniciativa e a independência (EHRENBERG, 1998). Serão analisadas quatro perspectivas desta questão: (1) como duas formas privilegiadas de poder institucional põem o sujeito em movimento na Organização: o profissional de saúde e as novas tecnologias de gestão de pessoas; (2) como estas formas de poder estão atreladas aos ideais sociais que podem fomentar a depressão no trabalho; em vez de promoverem produtividade, saúde e bem estar, as equipes de saúde e os gestores podem, portanto, contribuir para o inverso a que se propõem; (3) como estas duas formas de poder, simultaneamente produtos e produtoras da cultura organizacional, proliferam-se em meio ao declínio da autoridade simbólica, podendo ser pensadas como "poderes pós-disciplinares", funcionando, agora descentralizados, a partir de uma nova forma de coerção — o *poder sem autoridade* (SENNETT, 1999); (4) por fim, como a *ação* em jogo aqui nada tem a ver com o real desejo do sujeito e com o ideal de "ser você mesmo", emergente na transição para a sociedade pós-disciplinar. Ela não é convocada por intermédio de sua motivação intrínseca — noção que será desenvolvida na parte II deste livro — mas, por imperativos associados ao ideal do ego, instância psíquica, cunhada por Freud, a ser aprofundada nos capítulos que se seguem.

Neste capítulo, enfocaremos apenas as tecnologias de gestão de pessoas, sobretudo a chamada Gestão por Competências. Vimos no capítulo anterior que o sujeito depressivo da contemporaneidade sofre de vergonha. O que lhe importa não é o outro, como era na culpa, mas o eu: na vergonha o sujeito se sente julgado apenas pelo desempenho pessoal. A noção de competência e sua contraface, a insuficiência, recebem destaque jamais visto (HERZOG; PINHEIRO; VERZTMAN, 2010). Introduziremos a nossa análise por meio da relação do aumento dos quadros de depressão e de vergonha com o manejo do desempenho pessoal — mais especificamente com o apelo às noções de competência e insuficiência — nas empresas contemporâneas. O pano de fundo do mundo do trabalho justifica-se pela proximidade do argumento de Ehrenberg (1995, 1998) com a constatação de Sennett (1999) de que a empresa é a instituição que incorpora os ideais do neoliberalismo econômico com mais virulência. Daí a nossa hipótese: o alto índice de casos de depressão nas empresas contemporâneas sugere um cenário privilegiado para a produção de subjetividades subjugadas aos ideais de responsabilidade, iniciativa e independência.

Daremos destaque à articulação da Gestão por Competências a uma nova forma de poder, solidária à crise da autoridade simbólica, capaz de colaborar na adequação dos sujeitos aos ideais expostos anteriormente. Veremos como o "poder sem autoridade" (SENNETT, 1999) se efetiva sem o apelo a imperativos superegóicos — de interdição e de culpabilização —, mas recrutando o narcisismo do sujeito, por meio do agenciamento da instância intrapsíquica do ideal do ego, o sentimento de vergonha e de insuficiência. Outra nova tecnologia de gestão de pessoas do universo corporativo — o processo de *coaching* — será acrescentada à reflexão para complexificar nosso argumento.

O objetivo deste capítulo é discutir como as noções de competência e insuficiência, participando do universo da gestão de pessoas, tornaram-se uma pertinente chave de leitura sobre a produção de subjetividades na atualidade. Para isso, iremos mostrar como a Gestão por Competências — associada às exigências do ideal do ego e não mais do superego (FREUD, 1923) — incentivando a responsabilidade, a iniciativa e a independência — pode colaborar para o aumento dos quadros de depressão na contemporaneidade.

Vergonha e depressão

— "Tudo o que aconteceu na empresa me matou de vergonha".

Depois do ocorrido, Laura só conseguia relatar à sua psicanalista seu desejo de desaparecer. Antes de conhecermos a história de Laura e os motivos que a levaram a este quadro de depressão, cabe a pergunta: por que afirmamos que o sujeito deprimido sofre de vergonha?

A vergonha em questão na contemporaneidade caracteriza-se por uma "violência imposta ao narcisismo do sujeito, capaz de estremecer os pilares da sua identidade. Quando esse tipo de vergonha surge, o sujeito é atingido em toda a sua unidade narcísica e fica impossibilitado de dar uma resposta" (VERZTMAN, 2006, p. 2). Diferentemente da culpa que incide na relação com o objeto e cuja angústia fomenta o sujeito a dar uma resposta ao dano causado ao outro, na vergonha o eu é a referência principal. Não há possibilidade de reparação ao dano causado à imagem narcísica e a ansiedade decorrente pode acarretar uma paralisia, uma inibição.

Pelo viés do narcisismo e da inibição, podemos depreender os vínculos existentes entre os quadros de vergonha e depressão na atualidade. De fato, os sintomas depressivos são mais associados ao sentimento de vergonha do que os neuróticos descritos por Freud. Na vergonha, não se trata do sujeito em conflito, punido diante do seu superego pelo mal causado à vítima da sua ação: o que importa não é o outro, mas sim o que ele sentiria se estivesse no lugar do outro — quem ele é após um evento vergonhoso. Assim, o outro é relevante apenas como suposto espectador, testemunha da ação vergonhosa. O que conta na vergonha é, em suma, a fantasia sobre o olhar do outro. Trata-se aqui do sujeito *inibido diante do seu ideal do ego,* projetado na suposta expectativa alheia, acarretando uma pane da sua capacidade de ação. O quadro depressivo caracteriza-se justamente pela inibição da ação e pela ausência de vontade, a não ser a de desaparecer. Tal como a vergonha, na depressão há um impasse relativo à perspectiva do futuro que, como veremos, resulta de um fracasso frente às exigências do ideal do ego. É a dimensão narcísica fundamentalmente — e não a relação com o objeto — o cerne do abalo produzido tanto na depressão como na vergonha. Sofre-se, portanto, não pelo o que se fez ao outro, mas pelo o que se é diante do outro.

Em termos dinâmicos, o que está em jogo neste quadro é o colapso da relação do ego com seu ideal do ego, não mais a relação do ego com o seu superego, como na culpa (GAULEJAC, 2004; FREITAS, 1999; EHRENBERG, 1998). "A única coisa pela qual se é julgado na vergonha é pelo desempenho pessoal. Está em cena, como valor central, a noção de competência e, na sua oposição, a de incompetência ou insuficiência" (HERZOG; PINHEIRO; VERZTMAN, 2010). Tal descrição é bastante semelhante ao que Ehrenberg acrescenta acerca da depressão: "o sujeito da depressão não é aquele que agiu mal, mas aquele que não pode agir. A depressão não se pensa nos termos da lei, mas da capacidade" (EHRENBERG, 1998, p. 277). Ele precisa agir a qualquer preço, sublinha o autor, apoiando-se unicamente nos seus recursos internos — suas competências. A valorização do desempenho pessoal permite um maior entendimento do que ocorre nos quadros de depressão e vergonha: por um lado, enaltece-se a capacidade, a performance, por outro, a esfera pessoal. A dimensão narcísica se enlaça, assim, à performance pessoal. Mesmo na esfera do trabalho, imerso no imaginário da iniciativa e independência, o desempenho pessoal vem sendo mais ressaltado do que o técnico,[1] o que delineia uma transformação significativa em relação ao que ocorria há algumas décadas.

Portanto, percebe-se um imperativo na sociedade contemporânea — o imperativo da ação, cerne dos novos ideais sociais apontados por Ehrenberg. Contudo,

---

[1] Capacidades pessoais como comunicação, relacionamento interpessoal e empreendedorismo ocupam maior espaço das avaliações de desempenho do que o próprio conhecimento técnico das atividades desenvolvidas (BOOG, 2004).

cabe sublinhar a inexistência de uma autoridade superegóica legitimada a disciplinar tal imperativo. Como, então, se põe o sujeito em ação? Como o sujeito responde aos ideais expostos numa sociedade em que a coerção do superego e da culpabilização, marca do conflito neurótico, cede lugar à ênfase ao ideal do ego e à vergonha, característica do sofrimento depressivo?

Mesmo pressionado — e, algumas vezes, aterrorizado — pelos ideais de iniciativa e independência, o sujeito continua assumindo a responsabilidade da sua ação. Veremos como a nova configuração depressão-vergonha-ideal do ego da atualidade, ocupando o espaço do imaginário da neurose-culpa-superego, torna tal auto-engajamento possível, tomando como cenário o mundo do trabalho.

A Gestão por Competências e a primazia do ideal do ego na contemporaneidade

Os efeitos da crise do modelo disciplinar se manifestam no mundo do trabalho dez anos depois que Ehrenberg (1998) circunscreveu a sua instauração associando-a ao aumento dos quadros de depressão. Com a evidência da crise do modelo cientificista-fordista na década de 1970 (FRANCO, 2006) — materialização da crise da autoridade simbólica no mundo corporativo — novas tecnologias de gestão, agora mais propriamente voltadas para a gestão de pessoas, ganham corpo nas empresas (BOOG, 2004). Uma delas recebe destaque especial no mundo corporativo, o Programa de Gestão por Competências. Outra, o Programa de *Coaching*, assume um papel auxiliar, servindo em algumas empresas para ampliar a abrangência do primeiro. Tais tecnologias operam sem o recurso à autoridade da disciplina, da culpabilização e da lei. Deste modo, passa a ser valorizada a liderança liberal na qual dirigentes não mais autocráticos delegam a seus "colaboradores" a responsabilidade pelo próprio futuro nas empresas. A autoridade centralizadora, deslegitimada na atualidade, com efeito, desaparece nas empresas do campo de visão dos funcionários. Em termos psicanalíticos, podemos depreender um deslocamento do controle superegóico por modalidades mais sutis de gerenciamento, baseadas na atuação do ideal de ego.

Em linhas gerais, a Gestão por Competências trata de delinear antecipadamente o perfil esperado para todos os cargos da empresa e, mediante o mapeamento das competências atuais dos funcionários, incutir nestes a responsabilidade de adquirir as competências deficitárias para melhor se integrarem aos objetivos corporativos. Divididas em conhecimentos, habilidades e atitudes esperadas segundo os "padrões de qualidade" (BOOG, 2004), tais competências constituem o próprio motor do ideal do ego, que opera com a promessa futura de substituição do narcisismo perdido da infância. De fato, o ideal do ego não atua com o foco no presente, a partir da correção de habilidades ou atitudes excessivas, supervisionadas exaustivamente pelos gerentes. Se suas exigências sugerem, por um lado, não se estar à altura do esperado, por outro, acenam com a possibilidade de vir a estar no futuro. Este fica a cargo do próprio sujeito: responsabilizar-se pelas *competências deficitárias* necessárias à autogestão da sua carreira.

— Esta lista de tarefas só aumenta: preciso saber falar, me vestir adequadamente, melhorar minha rapidez atendendo o público, fazer um curso sobre comunicação assertiva. Não sei se dou conta — desabafa Laura com o marido, angustiada, ao pisar em casa. O marido de Laura reclamava. Dizia, com certa razão, que Laura só falava neste assunto — como gerenciar a aquisição de novas habilidades para o trabalho — e as próprias conversas com os filhos pareciam-lhe mais reuniões em equipe frente a um determinado projeto. Em suma, queixava-se que Laura tratava os filhos como "colaboradores", como se estivesse ainda na empresa, sem a autoridade necessária para ajudá-los nas tarefas do cotidiano. Isso quando ela conseguia conversar com os filhos, sem ir para a cama exausta, tentando recuperar a noite anterior de insônia, perdida arquitetando como conseguir mais tempo para fazer mais cursos e adquirir novas competências e certificações de qualidade.

O processo de gestão por competências pode fomentar um constante sentimento de insuficiência (EHRENBERG, 1998), de nunca se estar à altura; ora, haverá sempre competências faltosas a serem incorporadas no seu portfólio subjetivo e o sentimento de se estar constantemente em falta é recorrente. Busca-se sempre suprir *deficits*. Este efeito colateral, intrínseco ao processo, precisa ser balanceado, considerando que é o motor da angústia que leva à produção de novas habilidades e conhecimentos, mas, simultaneamente, pode levar ao colapso do próprio empreendimento. É aqui que entra o papel de Renato.

— Tenho certeza que vou conseguir — diz Laura, pegando o celular para dividir seu entusiasmo com Renato, saindo correndo do curso de oratória indicado por ele e voltando — atrasada — para o trabalho. Laura nunca havia pensado que teria que reaprender a falar para se tornar gestora, mas, naquele momento, estava otimista, julgando que tudo daria certo. Afinal — pensava — Renato sabia das coisas.

Renato atuava na empresa como *coaching* e sua função era apoiar o processo de gestão por competências de Laura. Trata-se de uma espécie de mentor, de treinador individual, numa analogia ao técnico de esporte adaptado ao imaginário empresarial (EHRENBERG, 1995; SENNETT, 1999). Mesmo a função controladora superegóica tendo desaparecido das funções dos gerentes, estes representando mais a figura de um amigo, incentivando o "parceiro" a caminhar em busca do seu autodesenvolvimento, ao *coaching* cabe ocupar uma função ainda mais próxima, adentrando a esfera íntima do sujeito. Ele oferece conselhos não apenas na dimensão profissional, mas igualmente na pessoal, desde como coordenar uma reunião, quais livros ler, filmes assistir ou mesmo qual roupa usar numa palestra. Antes reservada aos consultórios psicoterápicos, testemunha-se a intimidade do sujeito imiscuir-se na esfera pública do trabalho. A questão da intimidade — como veremos — é crucial ao sentimento de vergonha.

O *coaching* trabalha, portanto, com a imagem de um perfil ideal de pessoa, a ser atingido a partir do desenvolvimento das competências pessoais adequadas. De fato, a tarefa principal do *coaching* é, amistosamente, em sessões periódicas com Laura, motivar e facilitar o caminho para esta aquisição futura, oferecendo-lhe novos desafios (GASPAR; PORTÁSIO, 2009). Estes eram inúmeros e a oscilação emocional de em um dia achar que tudo seria possível e, no dia seguinte, ter convicção de que havia se colocado numa missão impossível participava ativamente do processo. Cabia a Renato impedir que Laura inviabilizasse sua tentativa de crescimento profissional.

— Mas a sua lista só aumenta. Estou exausta... será que preciso me virar do avesso para ser uma profissional melhor? Já sei falar com voz impostada, conduzir reuniões com objetividade, mas daqui a pouco você dirá que falar bem não basta e que eu preciso aprender a cantar na empresa... A admiração por Renato era, em última instância, o que fazia Laura não desistir. Afinal, ele já tinha se tornado um ótimo gestor, um exemplo para Laura.

Percebe-se, assim, que a face interditora do superego entra em crise, mas seu aspecto ideal permanece atuante. Com efeito, se nos ativermos ao que Freud postulou em *O ego e o id* (1923) sobre o funcionamento das instâncias psíquicas, o superego engloba duas funções, uma interditora e uma ideal, esta associada ao ideal do ego, concebido por Freud como parte do superego. Não faz parte dos propósitos deste livro discutir se são duas instâncias distintas ou integradas no superego. Basta sublinhar — e isso diversos autores estão de acordo (BIRMAN, 2001; ZIZEK, 1999; GAULEJAC, 2004; EHRENBERG, 1998) — que a face interditora do superego está em crise na contemporaneidade, contrapartida subjetiva do declínio da autoridade simbólica. Se o superego está em declínio, nada mais justo que seu "sócio" tome a frente diante da formação das subjetividades contemporâneas (EHRENBERG, 1998).

Quase dez anos mais tarde (FREUD, 1932), surge uma nova distinção. Freud define o superego como uma estrutura que engloba três funções, auto-observação, consciência moral e função ideal. Estas duas últimas representam a tentativa de estabelecer uma diferença entre o sentimento de culpa e o de inferioridade, que podemos aproximar do sentimento de insuficiência pela mesma incidência na baixa autoestima do ego. Tais sentimentos decorrem de uma tensão entre o ego e o superego, sendo a culpa associada à consciência moral e o sentimento de insuficiência ao ideal do ego, visto aqui o amor estar em primeiro plano e não o temor. De fato, enquanto "o ego obedece ao superego por medo do castigo, submete-se ao ideal do ego por amor" (LAPLANCHE; PONTALIS, 1992, p. 223). É sob esta lógica que, diante da crise da autoridade disciplinar, pode-se conjecturar uma maior incidência da função do ideal do ego nos processos de subjetivação. Assim, frente aos ideais de iniciativa e independência da contemporaneidade, depreende-se que não mais o medo do castigo, mas o da perda do amor — não ser mais visto e reconhecido como compartilhando dos mesmos ideais do grupo — torna-se o sentimento capaz de impulsionar o sujeito a agir.

Tomando o ideal do ego como parte do superego, podemos afirmar, assim, que a face ideal de tal instância associa-se ao narcisismo enquanto a sua face crítica vincula-se à interdição: o sentimento de insuficiência estaria ligado ao primeiro e o de culpa ao segundo. "Com efeito, se o superego convida a não fazer, o ideal do ego, ao inverso, incita a fazer" (EHRENBERG, 1998, p. 163). Conclui-se, portanto, que, numa perspectiva freudiana, frente ao declínio da face interditora do superego, os imperativos de ação na contemporaneidade seriam resultantes da primazia do ideal do ego.[2]

O Poder sem autoridade, culpa ou lei

A mudança de ênfase do medo da punição para a dinâmica dos ideais fomenta novos vocabulários produtores de efeitos na intensificação dos quadros de depressão e vergonha na atualidade. De fato, líder, equipe, time, treinador, *trainee, coaching,* parceiro, são palavras que já integram a cultura das empresas atuais. Tal vocabulário *cool*, incorporado do esporte, engendra a mensagem principal deste imaginário: trabalhador e chefe não são antagonistas; o chefe, em vez disso, é líder, administra, capacita e facilita a dinâmica de trabalho. "Todos pertencemos ao mesmo time" é a mensagem mais clara desta nova ética do trabalho: não há conflitos intragrupais na "superficialidade das ficções do trabalho em equipe" (SENNETT, 1999, p. 134). A esse respeito, Sennett destaca uma inflexão do poder vinculada a tal ficção: a emergência do "poder sem autoridade" (1999, p. 130).[3] A demarcação do autor é relevante para o seguimento do nosso argumento visto o processo de Gestão por Competências poder ser concebida como uma manifestação do poder sem autoridade na contemporaneidade.

Sennett argumenta que a autoridade desaparece, aquela que proclama com segurança assim é que se faz, deste modo é o certo. O poder sem autoridade disfarça a dominação; a cooperação disfarça a competição (SENNETT, 1999). É como se apenas houvesse competição contra outras equipes, projetando a alteridade para fora do grupo. Reforça-se, assim, a idealização e a identificação entre os membros como iguais, sugerindo a coexistência de objetivos semelhantes, negando as suas diferenças. Facilita-se, deste modo, a autoaquisição de novas competências — deficitárias — visto todos aparentarem ter o mesmo desejo, e o "outro" ser, invariavelmente, o inimigo da equipe do setor do lado — o diferente, aquele que, por exemplo, já desenvolveu muitas competências e quem é preciso, então, ser derrotado no jogo. Em termos freudianos, tal ilusão de igualdade grupal produz o narcisismo das pequenas diferenças (FREUD, 1929), projetando-se todo o mal para fora da equipe e colaborando para forte idealização entre

---

(2) A perspectiva lacaniana sobre a questão do imperativo é discutida em *Depressão e vergonha: contrafaces dos ideais de iniciativa e autonomia na contemporaneidade* (FARAH, 2012).

(3) O 'poder sem autoridade' também é discutido por Deleuze (1990) em outros termos. Na passagem da sociedade disciplinar moderna para a sociedade do controle contemporânea, como bem definiu o filósofo francês, o controle permanece, porém de forma mais sutil e internalizada; ele incide não mais sobre os corpos, mas sobre a subjetividade dos indivíduos.

seus membros. Isso facilita a assimilação dos ideais da empresa, bem como a busca — impulsionada pelo ideal do ego — de novas competências legitimadas por todo o time da organização. O poder continua presente, mas a autoridade está ausente nas empresas atuais.

Autoridade é quem assume responsabilidade pelo poder que usa. A ausência da autoridade fomenta, então, uma espécie de sequestro da responsabilidade. Deste modo, o repúdio à autoridade, além de estruturar a vida diária do trabalho em grupo, regula também momentos difíceis nos quais poderia haver confronto e dissenso. Ora, se "a mudança é o agente responsável, se todo o mundo é 'vítima', a autoridade desaparece, pois ninguém pode ser responsabilizado" (SENNETT, 1999, p. 136).[4] Assim, a responsabilidade pelos destinos da sua carreira recai, toda sobre as costas do próprio sujeito. Esta ética da autorresponsabilização (EHRENBERG, 1998) ou do cidadão como empreendedor de si mesmo (LOPES, 2009) incentiva que "qualquer indivíduo está habilitado, sob a égide da corrente globalização, a construir o seu caminho até o topo" (LOPES, 2009, p. 186). Tal promessa — renovação do mito do *self-made man* — não constitui o âmago do modelo de Gestão por Competências?

Se, por um lado, a autoridade desaparece, por outro, o sujeito se sente constantemente visto na empresa contemporânea: a Gestão por Competências solicita a exposição da intimidade do sujeito, deflagrando um desnível significativo neste jogo de forças. Vamos tratar esse ponto separadamente.

Gestão da intimidade e nudez psíquica

Como já apontado, as competências ou capacidades requeridas no mundo do trabalho tornaram-se mais pessoais do que técnicas: saber ouvir, se comunicar, motivar pessoas, delegar, trabalhar em equipe, para listar apenas as mais recorrentes (BOOG, 2004). O fracasso em conquistá-las é experimentado como um fracasso pessoal, atingindo o cerne do narcisismo do sujeito, expondo-o ao olhar do outro:

> O que desperta a vergonha e promove, assim, uma ameaça à identidade e as relações do sujeito, é algo que o sujeito toma como diferente da imagem que ele busca assumir frente ao grupo. Esta diferença (...) denuncia uma descontinuidade entre o que o sujeito é e o que ele imagina que deveria ser para poder compartilhar experiências com aqueles outros sujeitos. Do ponto de vista do sujeito envergonhado, este seu aspecto destoa do ideal supostamente compartilhado pelo grupo (VERZTMAN, 2006, p. 2).

---

(4) Para aprofundar o problema dos efeitos subjetivos da transferência de responsabilidades na atualidade, remeto o leitor a Dejours, "A banalização da injustiça social", 2007. Para aprofundar ainda mais, remeto a Arendt, "Eichmann em Jerusalém. Um relato sobre a banalidade do mal", 2006.

Seguindo esse raciocínio, a vergonha faz sua aparição "sempre que a supervalorização de algum traço específico projeta uma sombra em todo o restante do território narcísico, ao mesmo tempo em que instaura uma separação entre o sujeito e o grupo" (ZYGOURIS *apud* VERZTMAN, 2006, p. 3). Esta forma de abordar a questão nos permite tecer duas considerações sobre a crueldade do sentimento de vergonha. A primeira interroga o que se deflagra a ponto de resultar na separação entre o sujeito e o grupo, contribuindo para o enlace entre vergonha e depressão. A segunda tenta elucidar, em termos dinâmicos, como se efetiva tal descontinuidade entre o que o sujeito é e o que imagina que deveria ser, a partir da noção de queda desnarcisante (MARTINS, 2010).

Vejamos a primeira consideração. A crueldade da vergonha sugere que tal traço supervalorizado pelo sujeito possa ir além do desempenho pessoal. Posta em evidência repentinamente, a vergonha é paralisante por ter efeito de um corte, capaz de expor a intimidade do sujeito, com amplos efeitos narcísicos. A separação instaurada entre o sujeito e o grupo parece ocorrer justamente a partir da vergonha frente ao desnudamento da sua intimidade, não se sentindo mais digno do amor do grupo. Transformado em estranho repentinamente, o envergonhado se retrai, se esconde em casa — ele próprio sendo a única coisa que pode ainda ser escondida — recorrendo a diversos mecanismos de evitação da ação, com certa semelhança aos dos quadros fóbicos.

De fato, todo traço requerido ao bom desempenho pessoal — conforme o modelo da Gestão por Competências — pode reverberar na intimidade do sujeito, abalando suas convicções narcísicas. Foi este o golpe sofrido por Laura. Não bastaram todos os cursos e livros lidos, tampouco se vestir melhor. Se ela aprendeu a controlar sua voz nos cursos de oratória, não conseguiu conquistar a habilidade de saber ouvir do jeito que se julgava correto na empresa: ao menos foi esta a justificativa que lhe deram para não ser promovida e indicarem-lhe outro posto de trabalho, considerado por ela como um rebaixamento. Laura se sentiu muito envergonhada. Entrou em depressão e pediu uma licença a sua psicanalista, indicada, inclusive, por seu *coaching* — afinal, era crucial aprender a controlar as emoções. Há exposição mais íntima do que ser reconhecido como alguém incapaz de saber ouvir o outro? Por esse viés, compreende-se a crueldade da vergonha: a intensidade do abalo narcísico se dá por atingir a intimidade do sujeito — toda a sua unidade narcísica.

A este respeito Freud (1929) ressalta que, diferente do animal, o homem criou a categoria do íntimo e a vergonha é justamente a marca de tal humanização: não há humanidade na ausência de vergonha. Assim, a nudez e a necessidade de cobrir-se estão nas origens da transmissão do sentimento de vergonha na criança. Seguindo esse raciocínio, uma espécie de nudez psíquica corresponderia ao desencadeador de tal sentimento. Além de uma insuficiência pessoal, o súbito desnudamento da intimidade do sujeito deflagraria, portanto, o trauma da revelação de algo que deveria permanecer escondido. Como, então, não se sofrer de vergonha hoje se a contemporaneidade é implacável para quem resiste a transpor os limites da sua intimidade (GREEN, 2003)?

As novas tecnologias de gestão de pessoas incidem, portanto, na esfera narcísica do sujeito, recrutando a sua intimidade para dentro da empresa. Um desequilíbrio crucial surge em detrimento do sujeito. Se, por um lado, na nova forma do poder na atualidade, o poder continua sendo exercido, mas a autoridade não é reconhecida (SENNETT, 1999), por outro, o sujeito se sente visto e reconhecido permanentemente em suas competências — ou insuficiências — pessoais. A ameaça de desnudamento da sua intimidade frente a um possível fracasso da sua capacidade pessoal é onipresente, lembrada a todo o momento nas expectativas de desempenho explícitas pelos padrões de qualidade nas empresas atuais. Por esta ótica, compreende-se porque torna-se comum hoje, depois de um longo afastamento devido a um quadro depressivo, não se desejar voltar para o mesmo setor de trabalho. É preferível esconder-se em outro lugar.

O que ocorre nas empresas contemporâneas serve como um analisador das mutações da sociedade atual (SENNETT, 1999). A respeito desse sentimento de certa transparência ao olhar do outro, Ehrenberg (1998) destaca que, se a ameaça do castigo é o mote da angústia no sentimento culpa, na vergonha a angústia se liga à ameaça proveniente do olhar social. Quando a lei e as regras impessoais perdem o lugar de balizadores do laço social, o outro torna-se a única referência de reconhecimento ontológico (EHRENBERG, 1998). O impasse da vergonha reside no fato de se sofrer pela exposição e, ao mesmo tempo, precisar-se deste olhar. Aqui, a máxima sartreana se atualiza em termos narcísicos: o inferno é o olhar do outro.

Nesse ponto, cabe formular a segunda consideração mencionada. A noção de queda desnarcisante do deprimido (MARTINS, 2010) nos ajuda a compreender a fragilidade do sujeito frente ao duplo abalo em jogo na relação entre vergonha, depressão e dinâmica dos ideais na atualidade. Tal queda diz respeito à descontinuidade, aludida por Verztman, entre o que o sujeito é e o que gostaria de ser para se sentir digno de pertencimento social. Associa-se a uma decepção radical do sujeito quanto à sua própria imagem mantida com muito custo, acima das suas possibilidades. Quando advém subitamente, tal dissonância entre o que ele gostaria de ser e o que agora passa a ver de si tem efeito de um trauma que pode ocasionar esse processo de desnarcisação: "o sujeito se percebe outro, miserável, despido de qualquer enfeite: o rei está nu" (MARTINS, 2010, p. 179).

Em termos dinâmicos, a queda desnarcisante se impõe com o colapso da promessa do ideal do ego. A promessa em jogo pretende a substituição do narcisismo infantil mantido pelo ego ideal. Apenas mediante a possibilidade de maiores gozos futuros, capazes de garantir acesso a uma imagem ideal ainda melhor do que a mantida imaginariamente, o ego ideal abre mão do prazer do narcisismo infantil (COSTA, 1988). Conservador por natureza, o ego se vê pressionado à mudança, a abrir mão da sua imagem ideal, proveniente do narcisismo dos pais, por meio da virulência dos imperativos sociais propagados pelo ideal do ego. Assim sendo, ao falhar a promessa do ideal do ego, quando o sujeito se depara com sua insuficiência frente aos ideais de desempenho da contemporaneidade, ele se percebe sem mais nada. Ora, tendo aberto mão da conservação da completude narcísica do ego ideal, só lhe resta esconder a sua impotência diante do que "ele era e o que poderia ainda ser" (MARTINS, 2010, p. 175). Duplamente abalado, sem o paraíso imaginário do passado e sem o Edem projetado nas miragens idealizadas do futuro, resta ao envergonhado um presente nu e cru: desaparecer — a única vontade que permanece — no inferno da depressão. Laura prometeu a si mesma nunca mais retornar para aquele setor de trabalho após voltar da sua licença para tratamento da saúde.

O presente nu

A Gestão por Competências é uma manifestação do poder sem autoridade na sociedade pós-disciplinar, solidária à nova ética de autorresponsabilização e à imagem do sujeito como empreendedor de si mesmo. Com o declínio da função interditora do superego, o ideal do ego, pelas vias do narcisismo, serve de motor à integração do sujeito aos ideais sociais. Não mais o temor da punição, mas o medo da perda do amor constitui a argamassa a sedimentar a unidade entre o sujeito e os interesses coletivos. Não mais o conflito entre o permitido e o proibido; entra em cena certa oscilação — com suas ondas de impulsividade e inibição — entre o possível e o impossível. Tal oscilação fornece o tom dos quadros de depressão e vergonha na contemporaneidade.

Como em toda a promessa de amor, o que está em jogo é a ilusão de completude imaginária — tudo é possível: eis o que promove a autoadequação do sujeito. A esse respeito, vimos o duplo trabalho realizado pelo ideal do ego: se por um lado fomenta-se a angústia da insuficiência, da *impossibilidade* de se estar à altura do esperado, por outro, acena-se com a *possibilidade* da autossuficiência, de vir a completar as lacunas dos seus *deficits* atuais no futuro. De fato, vimos que não é o recalque o mecanismo de defesa em foco na vergonha contra a angústia de castração. A evitação da pulsão (CICCONE; FERNANT, 2009) e a idealização, unida à projeção do mal para fora do grupo, intensificando o narcisismo das pequenas diferenças — mecanismos defensivos característicos do ego ideal e das suas ilusões de completude — são o que impulsionam o sujeito à ação. Se o superego atua via o recalque dos desejos transgressores insuportáveis ao ego, promovendo a identificação vertical com a instância paterna, atualmente o processo de idealização fomenta mais o sentimento de identidade — uma relação horizontal — do sujeito com seus pares. Desta forma, o sentimento de pertencimento na contemporaneidade parece menos referido à dinâmica edipiana, deslocando-se para a esfera do narcisismo e seus ideais.

Cabe destacar, por fim, que quanto maior a promessa — e é grande a promessa do ideal do ego de substituir a completude imaginária do ego ideal — maior o perigo da queda diante de uma miragem ideal futura. Compreende-se, assim, a posição de fragilidade do sujeito deprimido visto a dupla perda narcísica sofrida — tanto da imagem idealizada da infância perdida como da futura veiculada pelo ideal do ego. Por essa razão, indicamos que a depressão contemporânea pode ser compreendida a partir da noção de queda desnarcisante: uma queda não mais relativa à culpa do sujeito ter "comido o fruto proibido", mas à vergonha de não ser nem "Sua Majestade o Bebê" (FREUD, 1914) nem o soberano de si cujo ideal de iniciativa e independência fracassa, expondo sua insuficiência pessoal ao olhar social.

Despido de suas roupagens narcísicas e descentrado das suas ilusões de soberania — sem a independência tanto referida à autossuficiência imaginária do passado idílico quanto a projetada a partir da conquista dos ideais de iniciativa e independência da atualidade — o sujeito se depara com a nudez do presente. Frente ao vazio que lhe é apresentado, a única vontade que lhe resta é não ser. A vontade de desaparecer une vergonha e depressão, o exato inverso da exposição da intimidade exigida na atualidade e recrutada nas empresas contemporâneas. O jogo de poder das empresas nos ajuda a compreender, com lentes de aumento, as novas configurações do mal-estar na sociedade atual em sua articulação com os ideais de responsabilidade, iniciativa e independência e com o aumento vertiginoso dos quadros de depressão na contemporaneidade.

Capítulo 4

VOLTANDO AO TRABALHO, ELE MELHORA

Como a empresa, incorporando os ideais sociais propagados na sociedade contemporânea sem crivo crítico, pode colaborar para a produção da depressão no trabalho? Ao final da aula sobre a hipótese de Ehrenberg costumo fazer um exercício com os alunos, encabeçado por esta pergunta — a mesma com a qual abri o capítulo anterior.

Apresento-lhes cinco situações relacionadas ao ambiente organizacional. As três primeiras são simples, servindo mais como aquecimento para as duas últimas que me interessam analisar mais detalhadamente. O questionamento subjacente às indagações — e que ajudam a fixar a discussão travada em torno do pensamento de Ehrenberg — é: quais os ideais sociais, apresentados pelo sociólogo ou já discutidos nos capítulos anteriores, justificam os posicionamentos dos agentes organizacionais em cada situação? Utilizo diferentes agentes organizacionais para deixar bem claro que todos podem contribuir para a produção da depressão no trabalho.

O foco aqui continua sendo investigar como o sujeito com depressão na atualidade — portanto, com sua capacidade de agir inibida — é *convocado* à *ação* no universo corporativo. Uma das duas situações que mais me interessam discutir com os alunos já foi debatida no capítulo anterior: como as novas tecnologias de gestão põem em ação o sujeito nas empresas contemporâneas? E qual é a qualidade desta convocação: ela pode ou não colaborar para a intensificação do sofrimento psíquico nas empresas? Daremos destaque neste capítulo aos outros agentes organizacionais que compõem os referidos casos apresentados no curso.

Tanto o gestor como o funcionário

A situação com a qual inicio o exercício é a mais típica, a primeira que vem à mente dos alunos quando introduzi a proposta da atividade: "um Diretor de Divisão vê um funcionário triste e o encaminha rapidamente para o Setor de

Saúde para tratar a sua depressão". Primeiramente, pergunto se o encaminhamento é apropriado e, em seguida, qual é a crença ou ideal, propagado na contemporaneidade, que orienta a conduta do referido gestor.

A turma geralmente compreende que a conduta é inapropriada. Não é recomendado tratar a tristeza como se fosse depressão. Como enfatizamos no capítulo dois, a tristeza é uma *sinalização emocional* que possui vários aspectos benéficos, podendo reverberar numa possibilidade de crescimento pessoal para o sujeito. Diagnosticada apressadamente como depressão, estes benefícios serão perdidos, além de poder ocorrer uma medicalização desnecessária da baixa de humor.

Os motivos pelos quais o gestor age deste modo podem ser os mais diversos. Proponho três: um de cunho mais emocional, reativo, um mecanismo de defesa no sentido psicanalítico do termo, outro racional, que no meu entendimento seria mais equivocado do que o primeiro, e, por fim, um racional, mesclado com doses de sentimentalismo e de pouca habilidade gerencial.

Pode ser que o gestor não suporte se confrontar com um funcionário triste por dificuldades pessoais de encarar suas próprias fases de transição. Isso é mais comum do que se imagina. Ocorre que, geralmente, ele *não tem consciência* disso. *Inúmero*s são os mecanismos de defesa — de caráter inconsciente — acionados contra a sua própria possibilidade de se deparar com o fantasma da depressão que podem estar associados nesta situação. A negação e a projeção, por exemplo, são mecanismos bastante utilizados nestes casos. Ele nega um aspecto seu e projeta em outra pessoa: o que ele não enxerga em si próprio acaba vendo no outro. Em outros termos, a tristeza que ele percebe no servidor pode ser a sua projetada nele. A palavra "rapidamente", no enunciado da questão, é uma pista: normalmente os componentes projetivos são movidos pelo impulso, não passando pelo crivo da razão. O psiquismo quer se livrar, tão logo possível, do mal-estar que o assombra.

O outro motivo seria puramente gerencial e de caráter racional. O gestor tem pressa porque deseja que o servidor volte a trabalhar como antes com mais afinco e encaminha-o apressadamente para tratar da sua "depressão". Qualquer profissional de saúde mental, psicanalista, psicólogo ou psiquiatra, sabe que só pode obter êxito um tratamento psicoterápico se o desejo de mudança partir da pessoa afetada. Mandar o funcionário conversar com o psicólogo geralmente fomenta o *único* efeito esperado neste tipo de encaminhamento: uma mera conversa, sem nenhum valor terapêutico.

Por último, pode ser que o gestor não possua conhecimentos sobre depressão e, julgando ser este o quadro, com boa intenção, encaminha o funcionário à equipe de psicologia. Neste caso, o fato de ele não compreender muito sobre depressão é desculpável, mas, não entender igualmente de gestão de pessoas é mais grave, ocupando este cargo. Por que, em vez de mandar conversar com o psicólogo, ele não tenta, antes, abordá-lo? Não seria mais producente descartar a possibilidade de o desencadeador da baixa de humor relacionar-se à organização do trabalho ~~~~~~~~~~~~~~~~~~~~~~~ e está visivelmente ~~vida no nível gerencial? Por que delegar à *equipe de psicologia* um problema da unidade de trabalho, que poderia, inclusive, revelar aspectos despercebidos da dinâmica do setor envolvido, conduzindo a uma maior aprendizagem organizacional para aquela unidade?

As duas próximas situações podem ser discutidas em conjunto. Dizem respeito a possíveis encaminhamentos de quadros depressivos realizados pelos funcionários. A primeira é: "frente a sua tristeza, um funcionário rapidamente se medica com remédio de tarja preta". A segunda é: "frente a sua tristeza, um funcionário não toma nenhuma atitude".

Muitas vezes o funcionário não se permite ficar triste. Interpreta isso como falta de adaptação, fracasso, fraqueza. Com este grau de exigência, geralmente age de duas formas equivocadas para encaminhar o problema: ou acaba por se automedicar apressadamente como se o quadro já fosse o de uma depressão, calando o que o sentimento da tristeza poderia sinalizar; ou, ao contrário, acaba por não tratar a tristeza — abafando-a. Neste último caso, ele pode agir de forma consciente ou não. Pode negar — de forma inconsciente — que está triste, apresentando, inclusive, reações contrárias no ambiente de trabalho, mecanismo defensivo que Freud chamou de "formação reativa". Ou pode, simplesmente, passar por cima dos seus sentimentos, tentando sufocá-los, racionalmente. As duas atitudes equivocadas podem vir a produzir, de fato, uma depressão.

Todas as situações são perpassadas, de uma forma ou de outra, pelo ideal de felicidade da sociedade atual e pela baixa tolerância a situações de conflito. De certa forma, em todas elas, o ideal de iniciativa também orienta as condutas dos diferentes agentes institucionais: manter a capacidade de iniciativa para trabalhar parece configurar-se em primeiro plano, mesmo se a contrapartida de levar tão longe este ideal possa resultar em quadros de adoecimento.

Todos os encaminhamentos da depressão no trabalho parecem colocar a responsabilidade nos indivíduos, seja de forma ativa — autoimposta — ou passiva, por intermédio dos mecanismos de gestão. Esta responsabilização não parece contraditória com o que foi discutido no terceiro capítulo? Os movimentos sociais que convergiram para a sociedade pós-disciplinar não criticaram justamente a visão tradicional na qual o indivíduo é visto como o problema do laço social?

A última situação a ser apresentada amplia esta contradição. Relaciona-se com a atuação dos profissionais de saúde e será discutida separadamente.

Mais ação?

Quando Luiz saiu do consultório médico da Unidade de saúde, ele encontrou Laura. Estava indignado.

— O médico não me concedeu licença — desabafou.

— Como assim se você não dorme há dias... ...mais magro e abatido?

— Nem considerou o laudo do psicanalista.

— O que ele alegou?

— Que voltando ao trabalho, eu melhoro.

— Se foi justamente o trabalho que te levou a este estado, trabalhando anos naquele Gabinete!

— O pior é que nem consegui outro setor de trabalho. Pelo jeito, terei de voltar para o mesmo Gabinete.

Naquele ponto, Luiz se descontrola e começa a chorar. Laura, desconcertada, e, ainda deprimida após se sentir tão insuficiente frente ao fracasso do seu processo de gestão por competências, por maior que fossem suas tentativas, mal tinha forças para consolá-lo. Nem teve tempo. Foi chamada para ser atendida.

Laura teve que retornar ao trabalho no mesmo dia. Sua licença não foi estendida. Por coincidência, seria lotada no mesmo Gabinete que Luiz, tendo que aprender novas atividades considerando que nunca trabalhou na área fim em atividades processantes. Ela ouviu a mesma prescrição relatada por Luiz: a volta ao trabalho seria o remédio.

Esta é uma daquelas situações que quero me deter mais demoradamente: "é comum hoje, frente a um empregado licenciado devido a um quadro de depressão, escutar-se a convicção do profissional de saúde: *voltando ao trabalho, ele melhora*". Cabe sublinhar que este não é — de forma alguma — o encaminhamento comum realizado pelos profissionais de saúde. Muito pelo contrário: na maioria das vezes, eles possuem distanciamento crítico considerável dos ideais da eficácia produtiva, tão disseminados da sociedade contemporânea. Contudo, o fato de ter escutado, ao longo dos anos, por mais de um profissional de saúde esta prescrição, já ouvida, por sua vez, de outros trabalhadores em diferentes situações, refletindo, portanto, uma crença razoavelmente compartilhada, impeliu-nos a colocá-la em análise neste trabalho.

Oposto das antigas prescrições de afastamento das atividades laborativas, voltar à ação tornou-se a regra. As depressões e compulsões — responsáveis por absenteísmo significativo nas empresas atuais (EHRENBERG, 1995) — revelam a impossibilidade de se estar à altura de tal norma. Ora, sofre-se pela incompetência em agir ou em parar de agir; a inibição e a impulsividade são a face e o verso da depressão contemporânea. Como, então, responder à prescrição de retorno à ação? Como atender a esta prescrição, se a falta de iniciativa — ou o seu excesso, sem finalidade nem coerência — torna-se o problema capital da depressão na atualidade (EHRENBERG, 1998)?

Além deste impasse relativo à incapacidade momentânea frente à ação, o sujeito contemporâneo — deprimido ou não — tem consciência do seu dever de fazer, das suas incumbências e *deficits* a serem resolvidos. A injunção do profissional de saúde pode, deste modo, tornar a situação do retorno ao trabalho ainda mais ansiogênica. Explicaremos o que foi dito, tomando de empréstimo mais uma vez o pensamento psicanalítico.

Anteriormente, a sugestão era proibitiva: "você não pode trabalhar e deve ir para a casa descansar". O imperativo era disciplinar, comandado pelo superego, com suas dosagens de repressão e interdição. Dissemos no capítulo anterior, que o superego e o ideal do ego trabalham em conjunto frente ao devir do sujeito, fazendo parte de um complexo psíquico. Na missão de reprimir os desejos transgressores, estas duas instâncias produziam um paradoxo para o sujeito neurótico. Enquanto o superego ordenava a "não fazer" (não cometer tais desejos), o ideal do ego incitava a "fazer". Já dissemos, também, que o ego narcísico é conservador; para ele, prazer só se abandona por mais prazer. O papel do ideal do ego é justamente seduzir o ego, acenando com possibilidades das mais diversas realizações projetadas no futuro: trabalhando com a perspectiva dos ideais, precisa convencê-lo que a desistência das transgressões infantis será recompensada com prazeres maiores conquistados no porvir. O ideal do ego nada mais é que o substituto do narcisismo da infância — sua outra face, permeada, contudo, pelo simbólico e os ideais da sociabilidade.

Contudo, com o declínio do superego, a injunção do ideal do ego — "faça" — pode receber um teor de imperativo. Entretanto, esta instância ideal não parece trabalhar a favor do sujeito, tentando tirar-lhe do tempo parado do narcisismo da infância, no qual tudo parece perfeito e, teoricamente, a criança não precisaria nada fazer senão ficar estática recebendo o supostamente infindável carinho materno? Não nos enganemos: no psiquismo — ao menos para Freud — não há mocinhos e bandidos, em tudo há sua dupla face. Não esqueçamos que o ideal do ego auxilia o superego na repressão dos desejos inconciliáveis com a moral social civilizada. Portanto, mesmo com o declínio da potência do superego, há algo violento na própria função auxiliar do ideal do ego. Com o seu parceiro minimizado, a sua voz torna-se estridente, totalitária, mais audível do que nunca, ecoando a beira dos lagos e miragens narcísicas contemporâneas. O "faça" transforma-se em potencial imperativo da ação.

Voltemos ao sentimento de impotência de Laura e Luiz após saírem do setor de saúde do trabalho. Da perspectiva exposta, do ponto de vista da psicanálise, este imperativo já está internalizado. Luiz e Laura sabem que têm que voltar ao trabalho e o desejam, como a maioria das pessoas de modo geral. Estão ansiosos por se encontrarem, momentaneamente, numa situação incapacitante. Reforçando o imperativo do ideal do ego, o profissional de saúde nada ajuda. Mas por que afirmamos que o profissional de saúde "recoloca" o imperativo do ideal do ego diante dos pacientes com depressão?

Cabe destacar a crueldade deste imperativo frente à depressão. Se, na neurose, o superego impunha um "não faça" a sujeitos ávidos em cometer desejos transgressivos, na contemporaneidade, o ideal do ego ordena "faça" a sujeitos com pane na capacidade de ação. Foi este o impasse de Luiz ao ouvir o jargão do médico do trabalho, prescrevendo-lhe o retorno. Nem todos suportam tantas demandas de atividade na sociedade atual. A displicência de alguns profissionais de saúde pode reforçar a crueldade desta instância ideal.

Felicidade, saúde ou apenas iniciativa?

Afinal, quais são os ideais sociais que sustentam o equívoco do profissional de saúde?

Primeiramente, parece que o profissional de saúde está levando muito a sério o ideal de iniciativa. Quando o *prozac* virou moda na década de 1990 (EHRENBERG, 1998), foi chamado de pílula da felicidade. Na verdade, ele não traz felicidade, não atua propriamente na baixa do humor; ele devolve a iniciativa — a vontade de realizar as atividades do cotidiano — às pessoas (WAKEFIELD; HORWITH, 2010). O equívoco da troca de palavras, propagado por toda sociedade, tem valor de ato falho no sentido psicanalítico: felicidade hoje está associada a ter iniciativa. A nova norma, numa sociedade avessa à disciplina, é a primazia da ação (EHRENBERG, 1998). Se anteriormente, para ser um bom paciente, deveríamos aceitar a prescrição médica de ir para casa e descansar, obedecendo às recomendações com disciplina e boa vontade, hoje a norma é voltar à ação.

Quando entro nesta problematização no curso que ministro com o mesmo título deste livro, costumo recuperar um *slogan* criado por um banco na década de 1980, difundido com grande sucesso: "você é gente que faz". A propaganda pegava bem o espírito da época. No mesmo período, como discutido no primeiro capítulo, o DSMIII retira a neurose — e a noção de sujeito do conflito — como critério de avaliação diagnóstica e enfatiza largamente os quadros depressivos, elevando-os à categoria de transtorno. Ora, como apontamos, os antidepressivos devolvem o poder de ação nos aspectos corriqueiros da vida cotidiana ao paciente sem interesse pela realidade. A passagem do mal-estar da obediência neurótica para a problemática da iniciativa na depressão, de certa forma, imiscui-se na escritura do manual de doenças psiquiátricas com o fim de uma categoria de sofrimento — a neurose — e a proliferação, em termos de subníveis classificatórios, de outra.

Mas, desde quando possuir iniciativa é sinônimo de felicidade? As culturas orientais agem assim com milhares de anos de prática de meditação? São infelizes por conta disso? Por que o homem precisa ser medido pelo que faz, como se isso fosse uma invariante universal? A maioria das pessoas hoje, de fato, não param, está em movimento constante, fazendo escolhas e tomando decisões. Porém, se conseguíssemos parar alguém na pista de corrida da iniciativa e perguntássemos ao "corredor" se ele está feliz com sua performance, provavelmente ouviríamos: "Não, gostaria de parar e descansar".

O cansaço — nem tanto a tristeza — vem sendo o primeiro sintoma relatado por um paciente deprimido numa consulta ao psiquiatra. O psicanalista Adam Phillips (1996) é um dos vários autores que destacam a urgência de reintroduzir o tédio e o ócio — sem culpa nem vergonha — na nossa vida cotidiana. Sobre o tédio, num belo ensaio, o psicanalista ressalta a relevância destes estados transacionais em que a vontade de fazer algo ainda não apareceu. Não se trata da ausência de prazer — amedonia — manifesta na tristeza ou na depressão, o que poderia ser, apressadamente, concluído pela psiquiatria *hard*. Tampouco caracteriza o tédio reativo que escamoteia o desassossego. Diz respeito, apenas, a um momento de parada em que um novo desejo pode emergir.

Phillips traz uma metáfora certeira: como se estivéssemos perdidos em uma galeria de arte, mas nenhuma tela nos provocando, ainda, a atenção. Quando, de repente, uma flecha de emoção deflagra algo diferente diante do olhar: uma entre tantas nos impacta — sabe-se lá porque — e investimos nela generosamente nosso tempo, enquanto nos retribui, em imagens, enchendo nossa mente com novas possibilidades. A metáfora da galeria de arte de Phillips indica que, muitas vezes, precisamos nos perder para nos achar — encontrar o nosso desejo e a real iniciativa de levá-lo a cabo. Mas como nos perder na atualidade se esta palavra — em todos os sentidos — denota insuficiência, tanto como perda de foco ou como gatilho para a tristeza? Será que neste jogo em que todas as cartas já parecem dadas — e em seus devidos lugares — não é necessário mesmo de certa dose de perdição?

Tudo fica ainda mais nebuloso quando a equivalência iniciativa-felicidade recebe um terceiro termo: iniciativa-felicidade-saúde. O profissional de saúde, quando afirma que "voltando para o trabalho, o funcionário melhora", atesta um selo de pureza ao ideal de iniciativa coroado pelo mito da felicidade. Este é o seu engano mais grave: possuir iniciativa é equivalente a ter saúde. Destaco a necessidade de este profissional desenvolver distanciamento crítico, mais do que a maioria dos trabalhadores que também disseminam esta assertiva nas empresas, devido ao poder que exerce numa Organização. No caso de uma empresa pública, ele confere a última palavra se o servidor será admitido, avaliando a sua situação de saúde, inclusive mental. Ele também tem o poder de aposentar um funcionário caso a sua doença o incapacite para retornar ao trabalho. Percebe-se, portanto, o seu poder de convocar à ação — ou até mesmo de dispensá-la, no caso da aposentadoria.

Contudo, há outro ponto que quero destacar. Como vimos na discussão sobre a gestão por competências, quem ocupa cargo de direção não precisa mais convocar o funcionário à ação na empresa. Ele não exerce mais uma autoridade centralizadora, não lançando mão das antigas formas de coerção, baseadas em repressões, recompensas e punições. Outros poderes — como as novas tecnologias de gestão — colaboram para lançar os indivíduos à ação. Será que o profissional de saúde é mais um destes poderes colaterais? As prescrições anteriores passavam pelo crivo da autoridade técnica: realmente, voltar para a casa e descansar tem base científica diante das mais variadas formas de sofrimento. Já a prescrição enfatizada neste capítulo nada tem de "médica" ou "psicológica". É uma prescrição social que invade as organizações, sem nenhum crivo crítico, enunciada — como verdade — pelo profissional de saúde. Será que ela pode ser pensada, tal como a gestão por competências, como outra modalidade descentralizada de "poder sem autoridade", tal como a noção foi cunhada por Sennett (1999)?

O que revelam os sintomas depressivos elevados a mal-estar social?

É inegável que a empresa contemporânea é a instituição onde o ideal de iniciativa a qualquer preço propaga-se de forma mais permissiva e ruidosa. Contudo, o profissional de saúde do trabalho precisa sustentar um distanciamento crítico. Enfronhado em tal imaginário organizacional, reforça o sintoma que acredita vir a combater quando prescreve a máxima de que voltar à atividade melhora. Responde ao sujeito que sofre por não dar conta das exigências de iniciativa e independência com o mesmo imperativo de ação. Deste modo, parece legitimar o que Birman (2000) bem apontou como a cultura da evitação da dor e do conflito na contemporaneidade.

Quando um mal-estar tornar-se *sintoma social*, ele descortina impasses do mundo em que vivemos. Os mais frágeis em termos emocionais geralmente pagam o preço do desconforto de ocupar o papel de porta-vozes. Foi assim com a neurose na transição para o século XX. E está sendo deste modo com a depressão na entrada do século XXI. Com seus sintomas — as paralisias histéricas constituindo os mais clássicos — os neuróticos deixavam claro o peso da moral civilizada moderna (FREUD, 1908), propagada pela sociedade vigente. Suas fantasias giravam em torno da sexualidade e da agressividade, claros desejos de transgredir as normas repressoras da época. E os deprimidos e compulsivos, o que eles esclarecem sobre a sociedade pós-disciplinar?

Perdedores da corrida da iniciativa, ambos manifestam uma espécie de *pane da capacidade de ação*: ou a ação se encontra inibida ou desgovernada (EHRENBERG, 1998). Dependendo de drogas lícitas ou ilícitas, de alimentos, de pessoas, de internet, de sexo, de pares de sapato que, numa única vida jamais serão usados, de consumo pelo consumo, também são o avesso do ideal de independência na contemporaneidade. A eles, só cabe a responsabilidade permanente do autogerenciamento do sentimento de insuficiência e de terapias focadas no bem-estar para tentar contrabalancear a dor de existir. O que eles revelam, afinal, com seu sofrimento elevado a sintomas sociais? Indicam o exagero dos ideais da sociedade contemporânea, o excesso de eficiência, talhado pelo mito da excelência nas Organizações. Esta cultura produzida nas empresas, por um lado, exclui milhares de pessoas que não dispõem de recursos internos para estar à altura de tal empreendimento, e, por outro, remete milhares de funcionários — aqueles que conseguiram, ao menos, estar empregados — a uma situação de vulnerabilidade, considerando não estarem à altura, por sua vez, da performance almejada (DEJOURS, 2007).

No que diz respeito à neurose, demorou-se cerca de 60 anos para se assimilar que a sexualidade faz parte da vida a partir das manifestações políticas das décadas de 1960 e 1970. Cabe perguntar quanto tempo levaremos para lembrarmos que a interdependência é a característica mais precoce do ser humano (PHILLIPS; TAYLOR, 2010)?

Protegendo o contexto estressor

No curso, os alunos, observando as situações à distância e tendo recebido informações adequadas nas aulas anteriores, já sabiam que a conduta do profissional de saúde era inadequada. Sabiam a resposta: depende do contexto. Se o problema que levou ao quadro depressivo foi gerado pelo ambiente de trabalho, e se ele ainda permanece, provavelmente voltar ao trabalho não seja a solução naquele momento. Caberia mais discussão — de preferência multidisciplinar — para um encaminhamento adequado da situação. Contudo, se no curso os funcionários acertaram, protegidos pela didática e o conteúdo de aula já ministrado, não é o caso que ocorre geralmente na Organização.

Em todas as situações discutidas neste capítulo, a negligência de avaliar o contexto, que pode ter colaborado para a produção do quadro, chama a atenção. Todas as situações jogaram o ônus do problema nas costas do indivíduo. Seja o caso do gestor que mandou o funcionário para o psicólogo, seja o próprio funcionário que se automedica, seja o profissional de saúde que prescreve o retorno ao trabalho, sem sequer avaliar se o ambiente organizacional participa da produção do quadro. Não parece no mínimo curioso este posicionamento, frente ao duplo movimento da sociedade pós-disciplinar de desculpabilização da esfera pessoal e de responsabilização dos excessos da sociedade na produção do sofrimento? Não parece fora de esquadro creditar o problema unicamente na conta do indivíduo numa sociedade em que os processos de assédio moral nas empresas se proliferam no mundo inteiro, cobrando da Organização a sua cota na fomentação do mal-estar em todos os níveis? O que será que ocorre nas Organizações atuais para seus agentes esquecerem que eles não são os únicos responsáveis pela depressão no trabalho?

Utilizo diferentes agentes organizacionais para evitar que qualquer discurso simplista sobre a perversão do "capital" obscureça a visão de conjunto: qualquer um pode contribuir para o aumento da depressão no trabalho — trata-se de uma produção coletiva. Esta constatação é desconcertante e é, muitas vezes, *negada* profundamente nas empresas. Uma das formas de negar o problema é assumir, rapidamente, todo o ônus e silenciar a verdadeira fonte do mal-estar. Salientamos a palavra *contribuir* para o agravamento da depressão. Como sintoma social, a depressão, excetuando-se a parcela mínima das classificadas como endógenas, nunca poderá se caracterizar por uma produção individual. A hipótese produzida neste estudo baseia-se nesta questão: será que os exemplos discutidos nas situações dos exercícios do curso sobre depressão no trabalho configuram uma espécie de proteção tácita do contexto estressor pelos agentes organizacionais, colaborando para o sofrimento psíquico nas empresas? Por que haveria esta proteção silenciosa do contexto nas Organizações contemporâneas? Esta questão será o horizonte para a discussão travada a partir de agora na segunda parte deste trabalho.

PARTE 2

PREVENÇÃO E GESTÃO DE PESSOAS

Capítulo 5

O QUE NOS COLOCA EM AÇÃO?

Nos dois primeiros meses ela obteve sucesso. Mas no terceiro, quando chegou à reunião dos Vigilantes do Peso e constatou que suas colegas perdiam peso enquanto, no caso dela, os ponteiros da balança permaneciam como se ainda estivessem no mês anterior, o que ela fez? Abandonou o processo e nunca mais voltou ao Vigilantes do Peso. A segunda entrevistada relata que começa a namorar de forma estável e perde a motivação para emagrecer. A terceira termina com o namorado e perde a motivação para emagrecer. O que estes três casos têm em comum?

Assim começo o curso *Estratégias Nutricionais e Psicológicas Aliadas ao Combate* à *Obesidade,* voltado à compulsão alimentar, integrando o segundo dos três projetos do Programa de depressão no ambiente do trabalho. O terceiro projeto será apresentado oportunamente neste capítulo. Meu interesse em abordar a compulsão era tanto de intervenção no campo de possíveis depressões associadas ao quadro como de pesquisa. Tanto no campo da pesquisa acadêmica, em termos teóricos, como no meu consultório particular, o vínculo entre esta forma de excesso do agir e as depressões ocorria com cada vez mais frequência. Pensar os sintomas destes quadros caracterizando um "transtorno da ação" (EHRERBERG, 1998) parecia um bom mote para ampliar o escopo da pesquisa dos casos de depressão. Sem precisar retornar no percurso psicanalítico e sociológico discutido nos capítulos anteriores, lembramos que Ehrenberg indicou a possibilidade de percorrer este caminho: segundo ele (1998), na sociedade contemporânea, o sofrimento resultante destes quadros pode ser associado a uma espécie de transtorno da ação — ela se manifestando de forma inibida ou desgovernada.

Entre as várias modalidades de compulsões na atualidade, escolhi a alimentar por motivos pragmáticos. O assunto seria de fácil interesse devido ao significativo número de funcionários com sobrepeso na Organização, portanto, um projeto de promoção de saúde pertinente e, ainda, de fácil adesão. Eu tinha certa pressa de implementar o curso em parte devido, também, aos meus interesses de pesquisa. Para facilitar ainda mais a tomada de decisão por este enquadre no universo das compulsões, havia uma demanda reprimida voltada para grupos desta ordem na Organização em decorrência da perda da colaboração dos Vigilantes do Peso que vinham realizando um trabalho conosco há alguns anos. Com o apoio da Assessoria de Comunicação Institucional, realizamos uma campanha informativa sobre os aspectos emocionais vinculados à obesidade no jornal mural da empresa que despertou bastante interesse. Condicionamos a inscrição no curso à realização de entrevistas prévias comigo. Assim, conheci a maioria dos participantes, antes do início das aulas, o que foi crucial para o sucesso do projeto. Formulei uma entrevista semiaberta, contendo um questionário, investigando vários pontos, sobretudo o histórico das tentativas de emagrecimento, e, também, apliquei testes de depressão e ansiedade.

O novo curso ocorreu em 2013, seis meses depois à segunda edição do curso *A depressão no ambiente do trabalho*. Contava com a parceria de uma nutricionista, responsável pela maior parte do conteúdo — as aulas sobre reeducação alimentar propriamente ditas. A mim cabia tratar dos aspectos emocionais envolvidos neste processo. As entrevistas me deram rapidamente o foco: 90% dos entrevistados haviam realizado, pelo menos, quatro tentativas de dietas ou reeducação alimentar ao longo da vida: por que a maioria das pessoas fracassa nesta empreitada? Por que nos tornamos potenciais consumidores de dietas?

A mesma questão presente na discussão dos capítulos anteriores — o que nos convoca à ação — continuava como ponto norteador da investigação sobre compulsão alimentar. Em outros termos, se antes analisamos a inibição da ação associada aos dispositivos organizacionais que põem em movimento os funcionários — como a gestão por competências e as prescrições proferidas pelos profissionais de saúde —, no projeto sobre compulsão alimentar o intuito é investigar o excesso da ação, outra face da depressão contemporânea (EHRENBERG, 1998). As informações da pesquisa empírica fornecidas pelas entrevistas, sobretudo o fracasso nos projetos de reeducação alimentar e a consequente recaída na ação compulsiva, me conduziram a investigar os aspectos motivacionais vinculados ao desejo de emagrecer. O que te move? Onde a sua motivação se equivoca?

A investigação sobre o fracasso da iniciativa em empreender um processo de reeducação alimentar proporcionou outras formas de compreender o valor central dos significantes *autonomia* e *competência* no quadro depressivo. Eles não são apenas parte do problema — como vimos com Ehrenberg nos capítulos anteriores — mas parte da solução: podem fomentar um caminho promissor para os quadros de depressão. Veremos neste capítulo como estas noções aproximam-se da depressão e, ao mesmo tempo, como elas compõem um panorama motivacional, capaz de auxiliar na promoção de saúde nas empresas. Mais uma vez, os alimentos nos ensinam que tudo é questão de dosagem — o que, em certo contexto, manifesta-se como veneno, noutro apresenta-se como seu antídoto.

O que te move?

Motivação é um assunto que aprendemos mais rápido por meio do tema *alimentos* se comparado ao assunto *trabalho*. O fato de Laura ter frequentado os dois cursos no mesmo ano, tanto o de depressão no ambiente de trabalho como o de combate à obesidade, colaborou bastante para ampliarmos nosso entendimento sobre o assunto. Foi ela quem abandonou o Vigilantes do Peso quando parou de perder peso no terceiro mês. Nas entrevistas prévias, ela apresentava, de fato, mais peso em relação a última vez em que nos cruzamos na empresa e relatava uma relação compulsiva com os alimentos, sobretudo os ataques a chocolates à noite, quando chegava do trabalho. As conversas animadas com o marido sobre o projeto de gestão por competências, depois da decepção com o processo, parecem terem cedido espaço para a compulsão alimentar. Escutando-a, digeria a hipótese se este investimento compulsivo já estava presente na forma como Laura dedicava-se ao projeto de gestão por competências — buscando, como foi visto, aperfeiçoar-se até os limites do impossível. Será que a engrenagem compulsiva associada aos alimentos ocupou o lugar que o fim do processo deixou vago? Nas entrevistas, o nível de depressão do grupo mostrou-se relativamente alto.

Nas entrevistas prévias ao curso, quando perguntei o que a movia a procurar um processo de reeducação alimentar, ela respondeu sem hesitação: perder quilos. Era a sua quinta tentativa de engajar-se em processos de diminuição de peso. Quando, no curso sobre combate à obesidade, selecionei o exemplo de Laura e de mais duas participantes, questionando o que estes casos têm em comum, a indagação prévia a esta pergunta era: o que as move? Se a resposta é perder quilos ou ficar mais bonita para conseguir uma relação estável, o processo já começou de forma equivocada: sua motivação é frágil. A turma acertou parte da resposta: a falta de prazer no processo é o que une os três casos apresentados.

Um processo de reeducação alimentar é longo assim como outros projetos de aperfeiçoamento, seja de melhoria da nossa relação com os alimentos, seja de aquisição gradativa de novas capacidades no trabalho. Como colocar o prazer fora do processo? Como o foco principal pode ser o fim do processo? Não se produzirá invariavelmente certa fadiga, realizando algo que não gostamos todos os dias por muito tempo para, em certo momento, conseguir o que desejamos? Ora, se precisamos caminhar todos os dias para emagrecer não é mais fácil e prazeroso se envolver com o trajeto — burlando-o, inventando novas rotas, experimentando atalhos ou apenas apreciando-o — do que correr e torcer para que se chegue logo ao fim?

Os alunos entendiam rapidamente o problema das três participantes, identificando-se com elas, considerando que quase todas as entrevistas seguiram o mesmo padrão (25 alunos estavam inscritos). Neste grupo, 90% das pessoas tornaram-se "consumidores crônicos de dietas".

Quando precisamos postular o enunciado "se você fizer isto vai conseguir aquilo", em casos de projetos de reeducação alimentar, as chances de sucesso no processo já começam reduzidas. No caso específico, a frase seria: "se eu comer estes alimentos de que não gosto e deixar de comer aqueles que adoro, vou conseguir emagrecer".

— Vocês já perceberam que, com o tempo, este enunciado tende a se tornar mais agressivo? Ele pode se deslocar para: "você tem que fazer isso para conseguir aquilo". Percebem o que há de diferente neste deslocamento?

Primeiro, surge a mudança na forma, no modo afetivo como nos tratamos: a frase ganha a estrutura de um imperativo. No caso da reeducação alimentar, esta espécie de imperativo teria este formato: "você tem que comer o que não gosta para conseguir emagrecer"! Depois, vem a mudança na estrutura: passamos a nos tratar na segunda pessoa.

É tão pouco natural nos colocar — voluntariamente — metas desagradáveis que o enunciado se torna uma ordem, uma injunção tipicamente superegóica que obriga a algo que alguém nunca faria se apenas desejasse realizar. Isso não parece uma agressão? Pior: identificamo-nos com o agressor, nos tratando em segunda pessoa, nos dando ordens para conseguir chegar até o fim. Se não fosse tão pouco crível nos forçarmos desta maneira a realizar algo que não desejamos, não precisaríamos inventar a voz de um algoz nos mandando o fazer. Esta estranha identificação, que nos impõe sofrimento, fica ainda mais clara quando fracassamos no processo:

— Sabe aquela festa de aniversário de criança em que você não comeu antes de sair de casa e acabou atacando os salgadinhos? Sabe o que escutei em algumas entrevistas deste grupo? "Agora come, sua desgraçada, quem mandou ser tão fraca? Agora você merece comer esta droga toda, até o fim!"

De uma maneira ou de outra, todos os alunos se diziam algo parecido quando fracassavam. A violência inerente ao processo ficou não só clara como foi sentida por eles, por meio da franca empatia com as entrevistas expostas, testemunhada por risos nervosos. O prazer da comida e de inventar um processo de mudança que só proporcionaria bem-estar tornou-se um martírio: do desejo de mudança à obrigação de mudar. Será que não conseguimos ficar apenas no primeiro passo? Por que nos deslocarmos para a enunciação de imperativos? Precisamos nos fazer tanto mal para emagrecer?

A estrutura semântica que apresentei para vocês — "eu tenho que fazer isso para conseguir aquilo" — caracteriza a noção de motivação extrínseca. Nela, a satisfação reside fora do processo, a recompensa é exterior à própria atividade empreendida (SHIRKY, 2011). Os três casos têm em comum nutrirem-se da noção de motivação extrínseca para iniciar um processo de mudança.

— Mas, professor, aqui na empresa há toda uma política de gratificações financeiras acopladas ao salário. Isso seria motivação extrínseca? E, se for, a empresa está errada em assim estimular seus funcionários?

A pergunta da aluna foi bastante pertinente. A turma já estava fazendo o deslocamento para o mundo do trabalho, objetivo, também, das reflexões provocadas pelo curso. Muitas Organizações agem assim e isso não é um problema em si. As pessoas se sentem motivadas obviamente, recebendo mais dinheiro quando trabalham mais, assumem responsabilidades gerenciais ou são mais especializadas do que os demais. Mas, este tipo de motivação será um problema caso haja uma instabilidade na política que viabiliza conceder e retirar tais gratificações. E se retirarem, de repente, esta recompensa?

Pesquisas psicológicas comprovaram que se retirarmos a gratificação externa, após o sujeito ter sido estimulado por ela num primeiro momento, sua motivação para permanecer realizando as mesmas atividades tende a diminuir (SHYRKI, 2011). Caso o sistema político da Organização seja estável e não retire gratificações financeiras com a mesma velocidade com que as conceda, não há nada de mais em incentivar os mais dedicados e responsáveis. Neste sentido, o enunciado "se eu trabalhar bem e bastante, serei recompensado" não oferece tantos perigos.

O processo de reeducação alimentar está longe de apresentar esta estabilidade, assim como a maior parte dos projetos corporativos. Sua própria natureza, calcada em nosso aparelho fisiológico, lhe é avessa. A principal gratificação almejada pelo grupo — perder quilos — é facilmente conseguida nos primeiros meses. Logo em seguida, esta recompensa torna-se mais difícil de ser conquistada. Este foi o caso de Laura que desistiu do processo, apenas movida pela busca de perder peso.

— Mas, professor, por outro lado, parece tão claro que ficamos motivados quando somos recompensados ganhando algo em troca pelo nosso esforço. Como ser motivado de outras formas?

A dúvida colocada pela aluna é típica de quem acredita que tempo sempre é equivalente a dinheiro.

Nem sempre *time is money*

Se na primeira aula, começo com exemplos de pessoas que fracassaram no processo de reeducação alimentar, na segunda aula inicio com grupos que estão realizando experiências fantásticas pelo mundo, e adorando empreenderem atividades juntos.

Alguns meses antes de iniciar este projeto de combate à obesidade, um colega do Tribunal me apresentou um livro sobre novas possibilidades promovidas pela internet que me ajudou bastante a ampliar meus horizontes no programa sobre depressão no trabalho. Ele trabalhava na equipe da web, um setor relativamente novo na empresa, e ele parecia o membro da equipe mais entusiasmado em pesquisar os novos desafios que o setor propiciava. De fato, tratava-se de um setor aberto a novas experimentações de conexões entre pessoas e projetos na Organização. Eu não sabia que eu, um psicólogo com formação psicanalítica, pouco à vontade no universo cibernético, seria o primeiro a colaborar com esta nova equipe, fornecendo o projeto que daria o início a estas experiências na empresa. Antes de adentrarmos neste projeto — o terceiro que compõe o Programa de Combate à Depressão no Trabalho — voltemos aos exemplos dos grupos de pessoas mencionados anteriormente. Todos foram retirados do livro que me foi gentilmente sugerido por este colega: *A cultura da participação: criatividade e generosidade no mundo conectado*, de Clay Shirky (2011).

O primeiro exemplo é o da *Wikipédia*. Milhares de pessoas estão conectadas pelo mundo no imenso esforço de edificação desta obra compartilhada. Mesmo se alguém nunca publicou um único acréscimo neste projeto, ela pode se beneficiar com os conhecimentos lá compartilhados. O segundo exemplo trata do *YouTube*. Milhões de pessoas no mundo inteiro disseminam vídeos e assistem notícias que nunca teriam acesso pelos meios tradicionais de mídia. O terceiro apresenta o PickupPalm, um *site* de carona solidária nascente na Califórnia. As justificativas por este projeto baseiam-se tanto na ecologia como na possibilidade de ajudar os outros, e até mesmo fazer amizade. Funciona de forma relativamente simples. O dono do veículo expõe a sua rota diária e os caroneiros perguntam se ele pode pegá-los na hora estipulada em certo ponto do trajeto. Dinheiro para despesas com a gasolina pode ou não entrar no acordo. Se, em determinado dia, o dono do veículo precisar parar em algum ponto não estabelecido previamente na rota, como passar na lavanderia, à noite ele insere este dado para dar ciência aos interessados. O quarto exemplo aborda um fato político ocorrido em Londres em 2005. Naquele ano, explosões no metrô tinham sido explicadas pela mídia oficial como pane elétrica. Fotos compartilhadas, rapidamente acessíveis no mundo inteiro, contudo, mostravam que as razões eram outras, quase no mesmo instante em que a mídia mostrava a sua versão oficial: tratava-se de bombardeios ao metrô londrino que tentavam ser abafados pela imprensa. Naquela altura, muito diferente do que ocorria há cerca de vinte anos, a única opção da mídia oficial tornara-se: desejamos ou não continuar o debate que a internet já iniciou (Shirky, 2010)?

O quinto exemplo merece destaque especial. Ao meu ver, é o caso mais inusitado. Groban é um barítono de ópera *pop* de quem eu nunca havia escutado falar. Porém, milhares de moças entre 12 e 30 anos seguiam de perto a trajetória dele. Uma delas resolveu realizar um bazar beneficente quando o cantor apresentou-se em sua cidade, uma reunião que servia como uma espécie de aquecimento para assistirem seu *show*. Toda a verba arrecadada foi destinada à Fundação do barítono. A ideia ganhou espaço na internet. Pouco a pouco, em todas as cidades em que ele se apresentava, realizava-se esta espécie de confraternização, prévia ao show. Rapidamente, as doações descolaram-se do fato de haver uma apresentação do cantor e tornaram-se espontâneas no mundo inteiro. As grobanistas criaram um site para coordenar estas ações: em único só dia conseguiram 75 mil dólares, no aniversário do cantor. O *site* era totalmente amador e um sucesso de público. O trabalho de coordenação das atividades era intenso e nenhuma das envolvidas recebiam ajuda financeira por isso. A grande maioria delas trabalhava fora em outras atividades. Dinheiro não era o problema para elas permanecerem conectadas e motivadas diante do projeto em comum.

Como as pessoas conseguem tempo? — indaga Shirky (2011) diante cada exemplo citado. O autor, contudo, desmonta a própria pergunta por ele colocada para fins retóricos: por trás desta indagação existe uma rede de crenças e valores que apenas compreende esforços como estes havendo uma compensação financeira. A pergunta implícita seria: por que estas pessoas fazem tudo isso de graça? Ocorre que, nestes exemplos, tempo não tem nada a ver com dinheiro — mas simplesmente com desejo. Quem faz esta pergunta dificilmente entende a noção de motivação intrínseca.

Motivação intrínseca individual e social

A noção de motivação intrínseca pode ser um instrumento potente para combater a depressão no trabalho. Ela reside no prazer proporcionado pela atividade que está sendo realizada. A própria atividade é a recompensa (SHIRKY, 2011). Neste sentido, a satisfação não encontra-se no fim do processo, mas durante todo o percurso. Não seria o mais próximo do que dispomos do "segredo da felicidade"? Ser feliz não implicaria, simplesmente, realizar pequenas atividades prazerosas durante todo o dia — em todos os locais que frequentamos, em casa, no trabalho, na universidade, no curso de especialização, na aula de ginástica, na creche do filho — de modo que, na hora de dormir, percebêssemos que "fui feliz hoje"? Não é, acima de tudo, o sonho de todo gestor, que sua equipe se envolva com o trabalho tendo prazer nas próprias atividades desenvolvidas?

Um bom exemplo, movido pela motivação intrínseca, é realização de um piquenique (SHIRKY, 2011). Ele nos dá trabalho, mas adoramos organizá-lo. Normalmente, temos o privilégio de escolher alimentos que gostamos, sejam sucos, vinho, pães, queijos, frutas, biscoitos, bolos. Podemos escolher uma linda toalha e um local delicioso, como um parque. Temos o prazer de aproveitar este momento para encontrar amigos. Podemos incrementar o evento, ainda, escolhendo boa música para lhes apresentar enquanto compartilhamos esta experiência ou apenas escutar o som da natureza. Todos os componentes deste exemplo constituem ingredientes da motivação intrínseca; todos estes ingredientes nos possibilitam compartilhar prazer na organização do trabalho.

Shirky estudou comportamentos colaborativos e generosos que se proliferam pelo mundo por meio da internet (2011). Depois de dez anos da existência do YouTube e da proliferação de experiências bem sucedida de pessoas realizando atividades diversas conectadas pelo mundo, as pesquisas acadêmicas avançaram muito nos estudos motivacionais. Comprovou-se a existência de alguns ingredientes naturais que, se acionados, nos fornecem imensa satisfação: realizar atividades com autonomia — ou seja, com liberdade de criação, organização e controle — e de forma competente, caracterizam as motivações individuais. Se unirmos as motivações individuais às sociais — o desejo de compartilhamento e conexão (SHIRKY, 2011) —, o prazer será ainda mais intenso: sermos reconhecidos pelo o que fazemos com autonomia e competência, conclui Shirky, aumenta mais esta satisfação.

O autor complementa que sempre desejamos realizar atividades com autonomia e competência, e compartilhar as experiências realizadas nestes termos. Entretanto, apenas agora, a *web* nos proporcionou esta percepção em escala planetária. Os grupos criativos dos grandes gênios da pintura — como o de Monet e — da literatura — como o famoso grupo de Bloonsbery, encabeçado por Virginia Woolf — e a própria psicanálise — com Freud e seus colaboradores de Viena — já mostravam isso, porém em escalas locais (SHIRKY, 2011). Não realizariam as mesmas obras sem o dispositivo grupal do compartilhamento.

Um dos exemplos bem sucedidos de tentativas anteriores de emagrecimento relatados nas entrevistas usou como recurso todos os componentes motivacionais mencionados, tanto os individuais — autonomia e competência — como os sociais — conexão e compartilhamento. Com autonomia, usou a criatividade para superar suas resistências em começar o processo de reeducação alimentar: a participante resolveu ser atendida em casa por uma nutricionista. A profissional não apenas ajudava a compor um plano de reeducação alimentar. Ela vasculhava seus armários mostrando o que ela deveria consumir e o que jamais, comprar novamente. Se, para alguns alunos, isso pareceu uma medida radical — e até invasiva —, para esta participante funcionou muito bem. A nutricionista ensinou-a a analisar os rótulos. O novo aprendizado surtiu efeito e a aluna começou a se interessar pelos alimentos que comprava. As idas ao mercado passaram a ter outro valor e ela passou a se divertir sabendo que podia inventar — de forma competente — novas combinações com alimentos mais saudáveis, que antes desconhecia. A mudança comportamental tomou novo impulso quando apresentou sua nutricionista a algumas amigas do trabalho que frequentavam sua casa. Estas, por sua vez, também contrataram a mesma profissional e começaram a trocar experiências sobre seus respectivos processos de mudança de comportamento alimentar. As amigas deram um passo além: criaram um grupo — por meio de uma rede social — para ficarem conectadas, abrindo espaço para dicas, ideias e sugestões que podiam ser compartilhadas em qualquer momento do dia.

Por isso, acima de tudo, este exemplo de motivação intrínseca nos ensina que sair de uma consulta com nutricionista apenas com uma receita na mão não é garantia de sucesso. Corre-se o risco de voltarmos à velha lógica de "consumidores de dietas" e a receita ser vista como mero roteiro a ser seguido, entrando na lógica da motivação extrínseca com suas prováveis ordens autoimpostas e imperativos a serem obedecidos. Não seria melhor engajar-se num processo de produção do seu próprio projeto de reeducação alimentar? Não seria melhor inventar um processo com o nosso estilo?

Hoje, jovens percebem com mais facilidade do que pessoas com mais de quarenta anos que ficamos mais motivados quando somos produtores do que simples consumidores. Os cinco exemplos de grupos colaborativos, realizando atividades conectados por meio da *web*, e os vários artistas compartilhando suas descobertas, comprovam o quanto a possibilidade de produzir algo novo é mais estimulante do que consumir o que já surge pronto. Não tínhamos esta dimensão quando só consumíamos a televisão como única forma de mídia (SHIRKY, 2011). Com ela, só podíamos ser consumidores e não podíamos imaginar um mundo em que teríamos tanta satisfação produzindo e trocando conhecimento.

No trabalho, também podemos recrutar estes componentes motivacionais para nos envolvermos nas nossas atividades cotidianas. Este próprio curso incorpora todos os ingredientes estimulantes abordados nesta aula. Escolher os temas que quero abordar, na ordem que desejo, os autores nos quais me apoiar, os recortes das entrevistas que realizei para construir este curso e transmiti-los para a turma é bem mais estimulante do que receber um roteiro pronto e apenas segui-lo. Por mais que percorrer um roteiro existente pareça mais fácil e seu resultado já tenha sido testado por outros professores.

Os cinco exemplos de casos bem-sucedidos de pessoas trabalhando conectadas e realizando desafios juntas pode ser visto como uma metáfora de uma empresa com seus diferentes projetos em curso. Ora, não trabalhamos em andares diferentes e muitas vezes com pessoas cujos rostos são incógnitas por trás dos emails ou telefonemas que respondemos? Mesmo assim estamos conectados com elas e realizando projetos juntos. Se, atualmente, está cada vez mais evidente que executar atividades com autonomia e competência e, compartilhar o que fazemos, sendo reconhecidos por isso, nos proporciona satisfação, por que não nos sentimos geralmente motivados no trabalho?

Voltando a questão central deste capítulo: por que a autonomia e a competência acabam tragadas por certo isolamento nocivo e transfiguradas a ponto de funcionarem mais como uma rota para depressões (EHRENBERG, 1998) do que para a motivação (SHIRKY, 2011)? Não só a competência e a autonomia parecem desvitalizadas nas empresas, mas o próprio sentido de compartilhar e conexão no trabalho. Por que este possível antídoto para a tristeza e depressão nas Organizações contemporâneas ainda parece manifestar-se apenas como veneno?

A seguir, investigaremos as principais dificuldades dos sentidos de competência, autonomia e compartilhamento imiscuírem-se de forma saudável nas empresas. Comecemos pelas motivações sociais.

O Portal ComParTrilhando: os impasses da conexão

O terceiro e último projeto integrado ao Programa de combate à depressão no trabalho intitula-se Portal ComParTrilhando, implementado em 2013. Embora suas possibilidades de intervenção ultrapassem o escopo do Programa, suas ferramentas auxiliavam perfeitamente a proporcionar aspectos motivacionais, de cunho social, que os dois projetos anteriores seriam incapazes de abranger.

Existente até hoje, o Portal é um projeto de gestão do conhecimento, desenvolvido por mim e a equipe de Psicologia, em parceria com o grupo da web, servindo como interface a projetos tanto de psicologia organizacional como de saúde. De forma bastante resumida, podemos dividi-lo em dois grandes eixos: o informacional e o interativo, dividindo-o a partir das funções de gestão da informação e de conhecimento. O primeiro eixo é bastante simples: fornecer num só lugar todas as informações vinculadas à "gestão de pessoas" numa única plataforma, evitando a morosidade na procura dos dados que buscássemos. Assim informações sobre benefícios, cálculos sobre aposentadoria, contracheque, dicas de condução de reuniões, como pedir férias fora do prazo, palestras que porventura aconteciam na empresa, tudo ficaria à mão dos usuários.

O segundo eixo é mais ambicioso. Tentarei resumi-lo em breves linhas. Diferentemente da informação, para produzir conhecimento, precisa-se de pelo menos duas pessoas — um par. O conhecimento só ocorre em interação (CASTRO, 2015). Para viabilizar este perspectiva, foram criadas comunidades de práticas. Qualquer funcionário poderia participar destas comunidades e, até mesmo, propor a criação de outras na comunidade "Novas Comunidades". O plano inicial era começar com poucas comunidades e — depois de certo tempo — receber propostas espontâneas de criação de outras. Apesar de ter tido um ponto de partida, de alguém ter desenvolvido o projeto e o colocado em prática junto à equipe da web, o Portal não era da "Psicologia": seu intuito era o de ser ocupado por todos. Seu caráter era o da interação e cocriação e, por isso, de construção permanente.

No final do curso *Estratégias nutricionais e psicológicas aliadas ao combate à obesidade*, apresentei o Portal ComParTrilhando. Disse que fora criada a comunidade combate à obesidade, da mesma forma que já existia a comunidade sobre *depressão no trabalho*. O Portal servia como uma plataforma de engajamento e a ideia era de fornecer espaço para dar continuidade à troca de conhecimentos iniciada no curso de capacitação, um canal para a construção coletiva de conhecimento. O sucesso dos grupos terapêuticos geralmente associados ao tratamento de obesidade sempre gravitou em torno do estímulo das motivações sociais — conexão e compartilhamento de experiências. De certa forma, as comunidades poderiam preencher esta lacuna na empresa; nem sempre é viável reunir pessoas, deslocando-os dos seus postos de trabalho e o dispositivo criado pelo Portal poderia servir a estes mesmos propósitos. Portanto, seria um espaço colaborativo de cocriação: dificuldades, experiências bem-sucedidas, dicas, fracassos, sugestões de profissionais de saúde e até receitas de alimentos saudáveis — tudo poderia ser compartilhado nestas comunidades.

Quando lhes apresentei o Portal no último dia do curso, os alunos gostaram da ideia de permanecerem conectados e das novas possibilidades que este canal de comunicação viabilizava. De fato, no pós-curso, algumas pessoas lançaram ideias e compartilharam artigos científicos sobre obesidade e algumas dicas. Embora tenha até recebido uma menção honrosa, como um dos melhores projetos de 2013, o eixo interativo do ComParTrilhando não alçou o voo esperado, e, atualmente, funciona mais como um modo de disseminação de informações sobre gestão de pessoas do que um portal de gestão do conhecimento propriamente dito. As razões de seu relativo insucesso serão analisadas oportunamente. Neste momento, cabe passarmos para o próximo ponto: as dificuldades nas organizações em torno de um dos componentes motivacionais individuais — o sentido de competência.

A competência capturada

No dia seguinte ao final do curso *Estratégias nutricionais e psicológicas aliadas ao combate à obesidade*, Laura me procurou no consultório de psicologia da Divisão de Saúde. Ela disse que o curso ajudou-a a pensar não apenas no seu percurso de tentativas de emagrecimento, mas — sobretudo — na forma como vinha se dedicando ao trabalho. Disse que refletiu muito em uma das questões postas nas aulas — "o que te move" — e reparou que sua resposta a esta pergunta extrapolava a mera compulsão alimentar, mas envolvia, igualmente, o modo como vinha sendo convocada à ação na Organização, e com o qual consentia.

— Entendi que ser impulsionada por uma recompensa externa vem me atrapalhando na empresa. Não só em termos profissionais como pessoais. Estou fazendo uma aproximação do incentivo que me levava a tentar emagrecer — perder quilos — com todo o processo de gestão por competências.

Conforme a escutava, percebia a lucidez da comparação que estabelecia. De forma alguma, ela narrava um processo prazeroso na busca de novas capacidades de trabalho. A sua motivação era a promoção. Quando isso se revelou inacessível, todo o seu engajamento desmoronou.

— Você não sentia autonomia com o processo?

— Na verdade, a autonomia era muito restrita considerando que o meu *coach* desenhava as competências que eu precisava conquistar. Sim, eu poderia optar em ler livros ou realizar um curso, mas, ainda assim, a autonomia era pequena se comparada à expectativa depositada no objetivo final: passar de supervisora à diretora.

Não era perceptível em sua narrativa, de fato, um envolvimento genuíno com o simples prazer de aprender novas capacidades e sentir autonomia neste empreendimento. A satisfação se mantinha, durante todo o percurso, externa ao processo de gestão por competências. O próprio entendimento de autonomia é relativo, favorecendo mais aos altos escalões, aumentando o senso de responsabilidade dos funcionários. Como afirma Proscurcin:

> As novas formas de gerir tecnologias, aumentando a autonomia e o poder de decisão dos empregados, favorecem o empregador. Hoje, dado o aumento da competência nos processos internos, todos na empresa estão preocupados com seus objetivos e resultados. Neste sentido, conseguiu-se dividir a responsabilidade pela sorte do empreendimento, sem uma proporcional divisão dos lucros (2001, p. 228).

Complexificando ainda mais este contexto, se o vetor motivacional da autonomia parece comprometido, o da competência parece correr o mesmo risco de esvaziar-se em caminhos que fomentam individualismo e solidão nas Organizações contemporâneas. Como afirma Shirky, o sentido motivador de realizar atividades de forma competente envolve um esforço considerável: "o sentimento de competência é em geral mais alcançado pelo trabalho exercido exatamente no limite de nossas capacidades" (2011, p. 72). Este esforço, inerente ao sentido de realizar atividades com competência, não apresenta nenhum ônus — o desafio envolvido em certa superação dos nossos limites é naturalmente estimulante. No entanto, se este esforço é associado a um sistema calcado na motivação extrínseca, o sentido de competência, em vez de meio, passa a ser concebido como algo a ser conquistado apenas no fim do processo, podendo abrir a porta de comportamentos compulsivos. A motivação extrínseca e a compulsão são impulsionadas pelo mesmo motor: "ir até o fim" é tanto o cerne do prazer desta modalidade de motivação — uma vez que a satisfação reside na recompensa exterior ao processo — quanto da compulsão. Analisemos este impasse com mais vagar.

Em uma sociedade em que a dicotomia permitido-proibido desloca-se para a oscilação possível-impossível (EHRENBERG, 1998), se o que está em jogo é atingir uma meta, alimentada por uma recompensa externa como uma promoção, o esforço em ser competente pode se associar à violência autoimposta semelhante aos imperativos agressivos discutidos neste capítulo, quando tratávamos da compulsão alimentar. O que ocorre quando nos dizemos "se você realizar este curso, terá mais chances de ser promovido", e a recompensa esperada não vem? Provavelmente, tendemos a nos esforçar ainda mais, afinal a recompensa não nos foi retirada, apenas não fomos — ainda — capazes de merecê-la. Neste momento, será que não continuaríamos nos dizendo novamente: "se você ler estes livros, terá mais chances de ser promovido"? Este cenário é preocupante, pois na contemporaneidade parece não haver limites às nossas tentativas de testarmos nossos esforços. Para completar este quadro, há pouca satisfação no presente e expectativas excessivas numa conquista incerta. Quando a recompensa desaparece do horizonte e o sujeito se vê sem nada, um presente despovoado de prazer e um futuro subitamente esvaziado tornam-se realidade.

"Fui enganada". A principal queixa de Laura foi acreditar no discurso motivacional da empresa, disseminados pelo seu gestor e seu *coach*, pessoas nas quais confiava. "Agora, depois do seu curso, sei que aquilo não tinha nada a ver com motivação". O que dizia Laura? Em que ponto exatamente sentira-se iludida por seus "parceiros"?

Qualquer psicólogo organizacional bem informado sabe que atualmente promover motivação por meio da identificação com os valores da empresa é no mínimo ingenuidade profissional. Numa situação cada vez mais caracterizada pela falta de tempo, pelo excesso de tarefas, pela perda dos laços sociais e do sentido do trabalho, é "cinismo promover uma política de adesão subjetiva a um suposto ideal organizacional relevante" (CASTRO, 2015). Laura ressentia-se de o projeto de gestão por competências ter-lhe sido apresentado por este viés motivacional: "como se fosse um projeto meu, como se eu quisesse passar por tudo aquilo". É sempre oportuno ressaltar que o projeto de gestão de pessoas por competências atualmente habita o âmago do paradigma atual da eficácia produtiva, o novo gerencialismo do mundo corporativo. Como lembra Castro, é preciso que o psicólogo do trabalho e a Organização operem um "rompimento com o paradigma da eficácia produtiva que sustenta seu fazer e seu pensar que, por sua vez, adota um ponto de vista exterior aqueles que trabalham" (2015, p. 82). Esta é uma boa definição de motivação extrínseca: um ponto de vista exterior ao sujeito.

Em casos de depressão no trabalho — situação cada vez mais frequente —, estabelecer intervenções organizacionais por meio de projetos voltados para a motivação extrínseca tem um agravante, tornando duplamente ingênua a prescrição do psicólogo organizacional ou gestor. Nas depressões, não está em jogo a falta de adaptação a uma nova tarefa ou posto de trabalho, o que geralmente manifesta-se apenas como sintoma e não como causa do sofrimento. O que está em primeiro plano é a falta de sentido (CASTRO, 2015). Foi a total falta de sentido de todos os seus esforços de adesão ao projeto terem sido em vão e ter que se imaginar rebaixada a outro posto de trabalho com o qual não se identificava que levou Laura à depressão. Esta falta de sentido está intimamente ligada ao risco de perder o poder de agir dos sujeitos, manifesta nos impasses frente a possibilidade de organização do próprio trabalho.

Laura sentia prazer, contudo, quando compartilhava suas vitórias com seu *coach*, mas, mesmo assim, isso não foi capaz de evitar o colapso do processo de gestão por competências. Cabe ressaltar que esta forma de compartilhamento dual não é a mesma enfocada por Shirky quando trata de motivações sociais. O compartilhamento que caracteriza o *Grobaites for Charity* é bem diferente. É realizado entre iguais, de forma horizontal, calcado em relações de interdependência. O mais estimulante para as participantes do *site* era o reconhecimento — na forma de *feedbacks* escritos na própria plataforma — de que seus esforços valeram a pena. No caso de Laura, o reconhecimento era estritamente condicionado ao seu *coach*, verticalmente, fomentando uma relação idealizada, quase de dependência — o que em nada favorece à saúde emocional em termos de depressão no trabalho.

Uma diferença crucial entre o sucesso do projeto do *Grobaites for Charity* e o fracasso do processo de gestão por competências de Laura residia na questão da "visibilidade mútua da ação dos participantes" (SHIRKY, 2011, p. 104). O trabalho compartilhado entre várias pessoas quando são vistos por todos os envolvidos facilita a coordenação do grupo de participantes, além de favorecer o sentimento de estarem realmente engajados num projeto em comum. Vimos, por outro lado, que o dispositivo do poder sem autoridade que perpassa o processo de gestão por competências produz uma assimetria na relação entre Laura e a Organização (SENNETT, 1999). Laura não tem condições de ver quem está no comando, embora, em muitos momentos, pense que ela própria esteja. Seu *coach* é-lhe apresentado apenas como um facilitador do processo. Por outro lado, como as competências a serem conquistadas, legitimadas pela instituição, são públicas, há a impressão de que todos estão a observando: "será que ela conseguiu desenvolver a competência X?" "Parece que não sabe ainda se comportar segundo a competência y...". No caso específico que desencadeou sua depressão, "não saber ouvir" produziu a sensação de que toda a instituição escutava o seu fracasso — este percebido por ela como pessoal. Por isso o sentimento de vergonha associada ao quadro: o desejo de desaparecer.

> A noção de competência, assim entendida, reduz a noção de qualificação compreendida em seus aspectos multidimensionais e se apresenta centrada na habilidade individual de se mobilizar para resolução de problemas, muito mais do que na sua bagagem de conhecimentos (NEVES, 2000, p. 178).

Realmente, na forma como foi concebido no setor de Laura, o processo de gestão por competências está baseado na motivação extrínseca. O aprendizado — para ela —, em vez de possuir um caráter motivacional em si mesmo, passa a ser um meio para alcançar um fim promocional; o aprendizado — para a Organização — torna-se um meio para a proatividade na resolução de problemas. Apesar do discurso cooperativo da gestão por competências, Laura e a Organização não compartilhavam os mesmos objetivos no processo; nunca estiveram no "mesmo time" (SENNETT, 1999). Este discurso manifestou-se como um engodo. No caso dos *Grobanites for Charity*, percebe-se o contrário: "grupos que gerenciam problemas de recursos comuns assumem um compromisso compartilhado com uma norma de cooperação. É diferente de ver o mau comportamento e puni-lo" (SHIRKY, 2011, p. 104) — exatamente como Laura se sentia: vista por todos e punida.

O trabalho cria laços de sociabilidade não previstos por sistemas de prescrições que o viabiliza, dando acesso à organização coletiva dos processos de trabalho. Perder a capacidade de agir no trabalho, solidário ao colapso do sentido, é retirar do sujeito o poder de organizá-lo (CLOT *apud* CASTRO, 2015). Foi parte do que aconteceu com Laura, considerando que é "do alto da pirâmide hierárquica que se formulam as estratégias, os objetivos, os indicadores de desempenho e produtividade para os técnicos em gestão de pessoal realizarem seu diagnóstico daquelas competências essenciais para a organização se desenvolver da forma prestabelecida" (CASTRO, 2015, p. 80). Será que os ingredientes da motivação intrínseca discutidos neste capítulo nos ajudam a pensar novos caminhos que incluam mais autonomia na organização do trabalho? Em outras palavras, como reverter o problema da captura do sentido estimulante da noção de competência pelas novas tecnologias de gestão voltadas para motivações exteriores aos sujeitos, cujas ênfases recaem, invariavelmente, no viés adaptativo e não na cocriação de sentido? Será que esta espécie de "competência compartilhada", experimentada pelos *Grobanites for Charity,* ajuda a lançar luz no impasse da ausência de sentido nas Organizações?

Vimos que os ideais sociais da contemporaneidade — iniciativa, responsabilidade e independência — fomentam certa autossuficiência narcísica a ponto dos sujeitos se sentirem engajados na realização de projetos no "limite do impossível" (EHRENBERG, 1998), causando, geralmente, sofrimento no trabalho. Este sentimento de que "tudo é possível" e "só depende das nossas capacidades" é solidário a certa visão de autonomia — na verdade confundida com o ideal social de independência — que pode transfigurar o sentimento motivador de competência em *compulsão em ser competente*. Como podemos perceber, viabilizar destinos mais saudáveis para a noção de competência passa por, igualmente, reverter o sentido de autonomia, retirando-o das ilusões de independência que caracterizam a reedição do mito do *self-made man* nas Organizações atuais. Como ressaltou Shirky (2011), sobre os exemplos bem sucedidos de motivação intrínseca discutidos neste capítulo, "a malha de retroalimentação de motivações pessoais e sociais se aplica à maioria dos diversos usos de excedente cognitivo" (2011, p. 75). Neste sentido, restaurar o valor positivo presente nas noções de competência e autonomia estende-se à tarefa simultânea de fomentar compartilhamento e conexão nas empresas contemporâneas. Neste capítulo, expusemos as dificuldades existentes em torno dos vetores da competência e do compartilhamento nas Organizações. Vamos discutir agora os impasses da autonomia. Este ponto merece um capítulo a parte.

Capítulo 6

O ADVENTO DA NOÇÃO DE AUTONOMIA NA MODERNIDADE E SEUS PARADOXOS

O desejo de *ser você mesmo* possui um percurso anterior à década de setenta. Ele é contemporâneo ao surgimento da noção de futuro, que advém com o nascimento da própria modernidade. A saída da claustrofóbica era medieval — onde nenhuma maçã cairia de uma árvore se Deus não quisesse —, oportunizada simultaneamente pela amplitude das descobertas trazidas pelas grandes navegações e pelo rompimento do imutável regime social de castas reivindicado pela burguesia nascente, abre caminho para a perspectiva inédita do Homem modelar o seu próprio destino (HELLER, 1981). *Ser você mesmo* resume a principal aspiração do sujeito moderno — o conceito central da filosofia política (ARENDT, 2003): a liberdade da ação humana. Uma única palavra traduz o sonho dos primeiros modernos: o desejo de *autonomia*.

Este também é o sonho dos nossos contemporâneos, expresso às claras nas manifestações políticas do final dos anos sessenta. A modernidade, portanto, não se concretizou? Por que chamarmos a contemporaneidade de sociedade pós-disciplinar, se ainda almejamos os desejos modernos? Não seria, então, melhor utilizarmos o termo "hipermodernidade" (LIPOVETSKY, 2004)? Esta discussão terminológica não faz parte do escopo deste trabalho; porém ela nos permite melhor compreender o que diz Santos: "as condições que produziram a crise da teoria crítica moderna ainda não se converteram nas condições de solução desta crise ... enfrentamos problemas modernos para os quais não há soluções modernas" (SANTOS, 2001, p. 29). Esta discussão nos serve para aferirmos o tamanho do sonho e da empreitada inerente ao desejo de *ser você mesmo*.

O desejo de um paradigma emancipatório, regido pela autonomia da ação humana, surge inúmeras vezes na modernidade e é subjugado por novas formas de autoridade. Um princípio geral regulador, como uma espécie de obsessão civilizatória, parece sempre ser legitimado a disciplinar o princípio particular —

onde proliferam os desejos humanos — em nome da segurança e do interesse da coletividade. O enclausuramento da liberdade humana em nome da segurança das instituições está na base de todos os contratos sociais modernos, de Hobbes a Kant: "o fim justifica os meios" (AGAMBEN, 2004) é o argumento filosófico-jurídico para ordenar o campo histórico-político dos embates humanos, supostamente tendente ao desvio, à violência e ao erro. A Razão, o Progresso, as Leis da Natureza, as Leis da História foram alguns dos princípios gerais, substitutos do velho paradigma da autoridade tradicional na modernidade.

Veremos neste capítulo que o paradigma da modernidade manifesta o confronto de dois discursos antagônicos, um regulatório e outro emancipatório (SANTOS, 2001). Quando afirmamos, apoiando-nos em Arendt, que a era moderna caracteriza-se pela crise da autoridade tradicional, presente desde seus primórdios, mas a expressa, em termos políticos, somente no século XX, não é coincidência estes dois períodos — século XVII e XX — celebrarem o desejo de automodelar a própria existência com mais contundência. A reivindicação de autonomia da ação humana é o emblema do paradigma emancipatório que mostra seus contornos nos momentos de transição e crise do paradigma hegemônico da modernidade. Na maior parte da era moderna, todavia, seu destino foi a assimilação, quase total, pelo paradigma filosófico-jurídico (SANTOS, 2001, p. 55). O paradigma hegemônico se fortalece no século XVII, apoiando-se nas leis das ciências naturais emergentes, e ganha impulso ainda maior no século XIX, chamado de "modernidade triunfante" (TOURAINE, 1999), deslocando seu vértice epistemológico para as Leis da História, apoiada na ideologia do progresso. Por fim, o século XX, com suas duas guerras, põe em suspeição a autoridade da lei como eixo de um paradigma que conduziria ao aperfeiçoamento social, descortinando sua crise e reivindicando maior autonomia individual. Atualmente, a absorção do viés emancipatório pelo da regulação, no entanto, é contundente nas Organizações por meio de um novo gerencialismo que reforça com vigor os aspectos tecnicistas, cientificistas e racionalistas do paradigma moderno (disciplinar) dominante e tradicional (CASTRO, 2015), com diferenças, contudo, essenciais para compreender as empresas contemporâneas, que serão expostas oportunamente neste trabalho.

Neste capítulo, traremos a genealogia da emergência da noção de autonomia na modernidade e da sua recorrente assimilação pelo poder disciplinar recolocado pelo paradigma da autoridade tradicional. Nosso intuito é ter a medida de quão árdua é a luta pela liberdade da ação humana prevalecer na nossa sociedade. Neste ponto, estaremos mais preparados para refletir como a convocação à ação, baseada na autonomia desejante, pode sobreviver nas Organizações contemporâneas, produzindo efeitos distintos dos sofridos por Laura e Luiz nos capítulos anteriores.

A noção de autonomia — palavra que condensa o conceito político de ação humana — surge na modernidade, portanto, como uma rota de fuga de um mundo caracterizado pela imutabilidade, ordem e disciplina. Ela possui um percurso conturbado na modernidade. Para compreendermos as dificuldades associadas às depressões discutidas neste trabalho — mais especificamente a pane da capacidade de agir na contemporaneidade — faremos uma pequena incursão pela filosofia política, circunscrevendo as dificuldades do estabelecimento da noção de autonomia na era moderna. Para situar nossa reflexão no tempo, a ideia de modernidade com a qual trabalhamos é a defendida por Ehrenberg (1998) e por Foucault (2002): ela tem início no século XVII se prolongando até o século XX, em torno da década de 1970, momento em que se inaugura a sociedade pós-disciplinar.

A ação humana subjugada

Dizem que a política é um jogo. Se isso for verdade, não há imagem melhor do que um jogo de xadrez. A peça principal, a autoridade maior, a mais valiosa e a que deve, com mais afinco, ser protegida, é o Rei. Se pudéssemos escolher um conceito do pensamento político à altura desta peça, seria o de *autoridade*. A peça mais audaz, igualmente valiosa, com possibilidade de movimentos surpreendentes, é a Rainha. Se pudéssemos escolher um conceito do pensamento político à altura desta peça, seria o da *liberdade da ação humana*. A história do pensamento político gira em dois sentidos: potencializar a autonomia da ação dos sujeitos ou protegê-la, preferindo valorizar a segurança de todos, em detrimento da liberdade individual, por meio de autoridades legitimadas para tal tarefa. Esta segunda vertente caracteriza, na realidade, o oposto do pensamento político, uma concepção de laço social habitada por preconceitos da política (ARENDT, 1993), como trataremos oportunamente.

A noção de autonomia nasce com o advento da ideia de futuro. Como apontamos, o surgimento da ideia de futuro é o marco principal da modernidade (HELLER, 1981). Esta ideia é contemporânea ao rompimento com o estático imaginário medieval, desencadeada por uma inédita orientação à mudança, desprovida, inicialmente, de qualquer ordenamento transcendente. A era moderna emerge, contudo, por meio de um jogo de forças entre duas vertentes contraditórias que darão os seus contornos. Nasce não apenas associada à mudança permanente, mas terá igualmente o vetor progressista como característica. Estes são os dois componentes que, entre o Renascimento e as revoluções científicas do século XVII, fundam o imaginário moderno. Foucault (2002) os nomeou como discursos filosófico-jurídico e histórico-político da modernidade.

Estes dois componentes não surgiram naturalmente vinculados. Antes do advento moderno, a orientação temporal era para o passado e progredir significava ser bem sucedido na obediência dos exemplos já consagrados. Em outras palavras, a ideia de progresso, que seria rapidamente associada à modernidade, é anterior à consciência moderna de transitoriedade — ela é anterior ao 'surgimento' da própria ideia de futuro (HELLER, 1981). Ser progressista era olhar para trás. Imitar quem já sabia da verdade.

Temos de um lado, portanto, uma concepção de futuro cujo único atributo é a mudança permanente, sem uma finalidade para lhe conferir um norte ou valor; por outro, uma ideia mais antiga, de progresso, pura finalidade, que logo se sobreporia à noção de futuro, transformando as duas noções, equivocadamente, em sinônimos. Esta primeira perspectiva de um futuro em aberto, atrelada à mudança sem fim — que nasce com o próprio advento da modernidade — é solidária e contemporânea ao emblema de automodelar a própria vida como uma obra de arte (SENNETT, 1999): é a mesma ideia de "ser você mesmo" que ressurgirá no século XX, como discutimos na primeira parte deste trabalho. Neste sentido, portanto, no âmago do próprio advento da era moderna pode-se verificar o jogo de forças que se recolocará, em outros termos, na atualidade: a luta entre uma concepção de futuro emancipatória — em qual tudo é possível em relação à liberdade da ação humana — e uma ideia de futuro associada ao progresso, no qual para se aperfeiçoar seria preciso obedecer um caminho prescrito por certo conjunto de normas e regras de conduta.

Autonomia e disciplina sempre ocuparam, portanto, campos opostos, como podemos verificar no embate travado entre as concepções de futuro e progresso na modernidade. Uma imagem que se tornou célebre nos ajudará a compreender estes dois grandes eixos que compõem o jogo de forças que caracterizará toda a era moderna e que, de certa forma, ainda comparece na atualidade com outras tonalidades.

Os anões e o gigante: a autoridade disciplinar submetendo a liberdade da ação

A primeira metáfora de progresso que se impôs na modernidade foi canibalizada da idade média. Bernard de Chartres, eminente filósofo da escola platônica, tornou famosa uma imagem que ilustra como a era medieval se posicionava quanto aos progressos da sua sociedade. Tratava-se da imagem dos anões empoleirados sobre os ombros do gigante (CALINESCU, 1987). O filósofo explicou os progressos medievais em relação aos antepassados colocando em primeiro plano a altura e a força dos Antigos. Estes davam as bases para os Medievais, pequenos de tamanho, mas com imensa admiração por seus predecessores, para verem adiante. O fundamental consistia no fato de os Medievais verem mais do que os Antigos, *não porque seriam melhores do que aqueles*, mas devido à imensa e rica tradição que herdaram. Era enfatizado que, se os Medievais tinham algum poder, pela razão óbvia de viverem o momento presente, quem detinha a autoridade continuava a ser os Antigos. Existiam dois planos distintos: o da autoridade moral e o do poder político, onde se desenvolve a ação humana.

O jogo de forças entre o novo e o antigo é inerente ao processo histórico. Ele se torna mais visível nos momentos de crise e transição paradigmática. Não foi essa tensão que nos foi reapresentada nos anos sessenta e setenta do século XX? Não era, mais uma vez, uma luta entre o desejo de autonomia e o dever de obedecer à direção imposta pelo imaginário social (progresso, razão, disciplina, etc.)? A era medieval resolveu a tensão subjugando qualquer possibilidade de o momento presente requerer sua autonomia, diminuindo-o e colocando-o sobre os ombros da antiguidade engrandecida. Esta continua sendo, desta forma, a autoridade legitimada a fornecer a modelagem das vidas dos indivíduos, com base nos exemplos sagrados.

O conceito de autoridade presente na metáfora dos anões empoleirados nos ombros do gigante e herdado pela modernidade é romano. *Auctoritas* é derivado do verbo *augere* e significa aumentar (ARENDT, 2003). *Auctor* é "aquele que aumenta, acresce ou aperfeiçoa o ato" (AGAMBEN, 2004, p. 84): o que a autoridade ou os de posse dela constantemente se esforçam em aumentar é a fundação de Roma. Os anciões detinham a autoridade e "a obtinham por descendência e transmissão (tradição) daqueles que haviam lançado as fundações de todas as coisas futuras, os antepassados, chamados pelos romanos de *maiores*" (ARENDT, 2003, p. 164). A verdade não emerge na história e no tempo: é a perene revelação de um *logos* eterno. Deste modo, a crença básica platônica de que havia modelos perfeitos no universo das ideias e nossa tarefa era imitá-los ainda persistiu, com vigor, em novas versões, em Roma e no cristianismo.

O império romano considera a herança platônica a tal ponto que institui o senado, representando o lugar da autoridade dos sábios anciões, devidamente separado do restante da cidade(polis). Assim, na *polis* ninguém detinha a autoridade e os homens iguais eram livres. Este modelo hierárquico tornou-se o protótipo da separação política entre poder e autoridade, herdado no Ocidente, o paradigma da *auctoritas* (ARENDT, 2003). A metáfora dos anões e do gigante é elucidativa mais uma vez: os anões teriam o poder político, mas a autoridade moral e ética estava com o gigante. A autoridade moral é muito maior, cerne das normas e da disciplina.

Portanto, o gigante era como os Antigos sábios, que detinham a autoridade sólida e imutável da razão. Representava as bases, o princípio geral ordenador que dava a medida dos assuntos mundanos. Os anões, por outro lado, representavam o princípio particular; seriam sujeitos ao erro, mas orientados pelos seus predecessores. Assim, tudo se passa como se, para algo existir no Direito, fosse preciso uma relação entre dois termos ou dois sujeitos: "aquele que é munido de *auctoritas* e aquele que toma a iniciativa do ato em sentido estrito. Se os dois elementos ou os dois sujeitos coincidirem, então o ato será perfeito." (AGAMBEN, 2004, p. 118). Caso contrário, havendo qualquer distância ou ruptura entre eles, será necessário introduzir a *auctoritas* para validar o ato. Quem daria a última palavra no paradigma tradicional, portanto, nunca seria a liberdade de agir. Na metáfora do jogo de xadrez, a Dama — representante da autonomia inerente à ação humana — seria subjugada pela autoridade do Rei. A liberdade de pensamento e ação do homem sempre foi fonte de perigo e alvo de domínio.

A inversão de Bacon e Descartes

Calinescu (1987) analisa a forma como a ideia antiga de progresso ressurge na modernidade e é invertida de forma engenhosa por Bacon. Esta inversão, apoiada por outros ilustres Modernos, como Descartes, contribui para engendrar um sentido paradoxal de modernidade, fundamental para compreendermos o jogo de forças que envolve as aspirações de autonomia e liberdade da ação humana.

Ao resgatar a imagem dos anões empoleirados sobre os ombros do gigante, Bacon introduz a ideia de que, independentemente das heranças recebidas, melhoramos com o tempo, fornecendo ao progresso uma dimensão temporal antes inexistente, rapidamente naturalizada. A inversão de Bacon incide sobre a autoridade moral dos Antigos sobre os Modernos. Os anões veem mais longe, segundo ele, porque *têm de fato uma visão melhor do que a dos antigos*. Descontente com a subordinação dos Modernos aos Antigos, ele inverte o argumento anterior. Os Antigos seriam mais jovens nas relações estabelecidas com o mundo. Nesta nova lógica, o acúmulo de tempo e de experiências transforma os 'Modernos' nos verdadeiros 'Antigos'.

A inversão moderna incide sobre o cerne do imaginário tradicional. Opõe-se à ideia de uma verdade que reside no início da civilização em relação à qual toda a história se configura como corrupção e decadência. A partir da inversão moderna, nas raízes da história não está mais a sapiência perdida, mas uma humanidade violenta que vive no temor e na barbárie dos brutos primitivos, emergindo lentamente para a fala e construção de instrumentos. Nesta nova lógica, há um gradativo crescimento da civilização e uma progressiva racionalização dos instintos. A história como evolução de uma bestialidade primitiva — como *advencement* dos modernos (ROSSI, 1996, p. 92) — contrapõe-se diretamente ao mito da perfeição que está na Origem, a uma originária bondade e unidade dos homens. Temos aqui um pensamento ao qual Freud, em *Totem e tabu* (1913), posteriormente tomaria partido.

Na querela entre Antigos e Modernos, os últimos, portanto, legitimam o seu ponto de vista privilegiado para o acesso ao real por meio da associação do progresso ao tempo acumulado. Esta associação gera uma ênfase na finalidade, visto que o progresso deixa de ser remetido a uma condição herdada e se traduz como algo *a ser realizado* e estabelecido no futuro pelos Modernos — aqueles que podem levar a modernidade a sua virtual concretização. Consolida-se, deste modo, o caráter paradoxal da modernidade, na imbricação das ideias de transitoriedade e de finalidade (CALINESCU, 1987). Os Modernos, desejando livrar-se da ditadura do paradigma de *Auctoritas*, criam uma nova tradição, não mais orientada para o passado: a tradição do Novo, a ser consumada no futuro, caso se tenha ordem e disciplina para isso.

A inversão proposta por Bacon e Descartes determina os novos vencedores deste jogo de forças, mas não uma transformação paradigmática: o modelo a ser seguido permanece, não mais orientado para o passado, mas para um ideal de aperfeiçoamento a ser conquistado no futuro. Como se posicionar numa sociedade que acena com a possibilidade de autonomia e automodelação do nosso destino, mas prescreve regulação e disciplina para alcançarmos a felicidade? Como conceber a era moderna, ao mesmo tempo orientada para a mudança permanente e para uma ordem final? Em que será que tal paradoxo, presente nas entranhas da modernidade, repercute na contemporaneidade?

Quem dá a medida da ação humana?

É certo que o lema que acompanha a imagem medieval dos anões e o gigante remete ao passado: *Cest nous qui sommes les anciens*, proferido por Bacon e repetido, décadas depois, por Descartes. Mas tal enunciado também está cercado de ambivalências. Ele nos auxilia a compreender melhor a constituição paradoxal da modernidade.

Tomar o lugar ocupado pelos Antigos, em um primeiro momento, indica o declínio da autoridade tradicional. No entanto, pode-se depreender, ao mesmo tempo, o aumento da autoridade. O enunciado também sugere o respeito pelos Antigos a ponto de os Modernos reivindicarem o mesmo lugar. Este lugar não é demolido; ao contrário, é reocupado. Ele aponta menos para uma revolução do que para uma evolução. Em última instância, o enunciado de Bacon não poderia ser tomado como uma confissão de reverência? Não insinuaria a identificação dos Modernos com os Antigos, fomentando um colateral incremento da autoridade tradicional?

Cerca de cem anos depois, um dos pais da ideia de contrato social moderno, Rousseau, propõe uma teoria do vínculo social com bases tradicionais. Ele ainda acreditava ser capaz de liquidar o problema do governo ao vê-lo como 'poder executivo', como potência que implementa o que a vontade geral estabeleceu (COMPARATO, 2006). A vontade geral rousseauniana seria uma espécie de atualização do antigo princípio geral extramundano, a partir de uma autoridade legisladora que forneceria a orientação dos assuntos humanos. Autoridade e poder político, embora, em alguma medida, antagônicos, fazem parte de um mesmo processo complementar, mas estariam devidamente separados por uma hierarquia preestabelecida, que determina a subordinação do poder político à autoridade da vontade geral. Os homens e tudo o que se remetia à dimensão mundana precisavam de uma educação sistemática, desde os primeiros anos da infância, para não se perderem nos descaminhos da história, e conseguirem trilhar o mesmo compasso autorizado pela vontade geral. Rousseau ensina que a 'autoridade do gigante' pode ser recontratada.

Os primeiros Modernos não se propuseram, de fato, a subverter os princípios dos seus predecessores, mas deram continuidade a estes mesmos postulados (ROSSI, 1996). Exatamente como os Antigos faziam, os Modernos — calcados nas observações das leis das ciências naturais que apenas eles, cientistas, estavam aptos a realizar (SANTOS, 2001) — afirmam que são eles, agora, aqueles capazes de *dar a medida dos assuntos mundanos*. Para usufruir cientificamente das leis da natureza era preciso também estar distante do objeto a ser conhecido, ocupar o ponto de vista privilegiado para o acesso ao real (EVERDELL, 2000) — o mesmo discurso platônico dos Antigos. O lugar de *auctoritas* é reinvestido pelos pais da modernidade.

Aqui, temos um ponto crucial para compreendermos a nossa questão. Parece que — tal como os Modernos em relação aos Antigos — a transição social da modernidade para a contemporaneidade não se acompanhou de uma ruptura paradigmática (SANTOS, 2001). Paradoxo semelhante não é gerado pela atualidade com o deslocamento de ênfase do *dever de obedecer ao ser capaz de fazer?* De uma forma ou de outra, parece que a primazia das capacidades pessoais sobre a autonomia se efetiva, também, a partir do mesmo jogo de poder tradicional: ora, não se continua fornecendo a medida dos assuntos humanos, não mais pelo superego, mas pelo ideal do ego, comparando-o com seu ego, conferindo de forma incessante se o sujeito está ou não à altura das miragens narcísicas da contemporaneidade? Em outras palavras, o que muda da sociedade disciplinar para a pós-disciplinar parece o tipo de régua, mas o sistema de medições permanece: nas Organizações contemporâneas, isso fica especialmente visível quando a medição dos gestos do taylorismo moderno abre espaço para a dos comportamentos no processo de gestão por competências — um taylorismo renovado, alimentado pelo novo gerencialismo da atualidade (CASTRO, 2015, p. 100).

O dever em obedecer foi cientificamente instrumentalizado pelo taylorismo moderno por medições precisas da quantidade de gestos necessários ao trabalhador executar suas atividades num tempo mínimo prescrito. A passagem para o ser capaz de fazer apenas desloca o foco da medição para o comportamento. A diferença mais relevante diz respeito ao aprofundamento e complexidade das formas de dominação do suposto objeto de conhecimento: na gestão contemporânea, trata-se de analisar as atitudes, comportamentos e conhecimentos a fim de prescrever o desenvolvimento de cada carreira individualmente como modos de atingir as metas organizacionais. Desta forma, instrumentaliza-se não apenas os gestos, mas o psiquismo na direção do desempenho esperado que indica a forma de organizar e realizar o trabalho. A regulação na atualidade ultrapassa, portanto, a mera execução mecânica das atividades, abrangendo "a vida, a carreira e o projeto do sujeito, tornado capital humano a serviço da organização" (CASTRO, 2015, p. 80).

O escopo epistemológico do paradigma tradicional (ARENDT, 2003) permanece: um sujeito do conhecimento, racional e distante do objeto a ser dominado pela razão científica, única disciplina capaz de viabilizar o ato de conhecer. Este objeto possui leis quantificáveis e precisas, baseadas nas ciências naturais, cuja passividade se permite dominar pela racionalidade técnico-científica. A hierarquia, característica desta visão paradigmática, é clara: de forma alguma, a parte subjugada é considerada *produtora de conhecimento,* mas mero objeto a ser conhecido (SANTOS, 2001). Castro (2015) deixa isso evidente quando afirma que o sujeito se transformou em capital humano a serviço da organização: mais uma vez, subordinado a um fim exterior, expresso como "interesses maiores da coletividade", seguindo a lógica filosófico-jurídica, de que os meios — dominação dos corpos ou das subjetividades contemporâneas — justificam os fins.

Foi preciso recuperar certo trajeto pela filosofia política para tecermos os contornos do difícil percurso do advento da noção de autonomia na modernidade até os dias de hoje. Neste percurso, vimos como o futuro pode ser assimilado pelo ideal de progresso, revertendo o potencial transgressivo da ação humana na direção prescrita pelo aperfeiçoamento social. Na contemporaneidade, o discurso da regulação não se sustenta mais por meio de um ideal coletivo — como o engendrado pela ideologia progressista moderna — mas, dos ideais de aperfeiçoamento individuais, encabeçados pelo imperativo de independência (EHRENBERG, 1998). De fato, automodelar seu próprio destino — fazer da sua vida uma obra de arte — permanece um sonho moderno não concretizado pela contemporaneidade, que, com insônia ou lançando mão de ansiolíticos, experimenta um novo paradoxo expresso pelo dever de ser você mesmo. O embate entre autonomia e disciplina é herdeiro deste jogo de forças.

Com efeito, o que nos pareceu, à primeira vista, uma possibilidade emancipatória — o dever de obedecer à autoridade cedendo lugar ao de ser capaz de fazer — converteu-se, talvez, no triunfo mais sofisticado da dominação da liberdade da ação humana pela disciplina: a própria autonomia é assimilada pela regulação, tornando-se "imperativo de ação". Como recuperar o sentido da liberdade de ação, se ela *deve* ser independente, responsável e sinônimo de iniciativa? Será o ideal de independência — incorporado pelo próprio sujeito, sem necessidade, portanto, de coerção externa — a forma pós-disciplinar de regular, ainda, a autonomia da ação humana? Se a autonomia e seu poder de agir podem facilmente transfigurar-se em ideal de independência, tornando-se regra (EHRENBERG, 1998), como evitar que os perigos narcísicos da autossuficiência fomentada pelos ideais da atualidade esvaziem o vetor motivacional presente em sua noção? Será que a ideia de *autonomia compartilhada*, que arrisco propor aqui, pode lançar luz a outras possibilidades? E como introduzir o viés emancipatório da autonomia nas Organizações atuais se estas alimentam-se, de forma tão pouco crítica, do discurso da eficácia produtiva do gerencialismo contemporâneo? Os dois últimos capítulos dedicam-se a estas questões.

Capítulo 7

A AUTONOMIA CAPTURADA: IMPASSES DO GERENCIALISMO CONTEMPORÂNEO

Gestão de pessoas sem competências?

A escuta clínica da Organização pode ser exercida em qualquer lugar na empresa. Disseminar este olhar diferenciado é tarefa tanto de promoção de saúde quanto de gestão de pessoas. Incluir a saúde não apenas como questão *estratégica,* mas nas *estratégias* de gestão constitui uma prerrogativa que impõe a construção de um novo paradigma organizacional, para além do gerencialismo da eficácia produtiva onipresente no panorama empresarial contemporâneo.

Esta escuta clínica pode ocorrer, por exemplo, no elevador, percebendo a naturalidade como os trabalhadores falam sobre depressão na empresa, sendo um assunto, praticamente, instituído nas rodas de conversa. Pode ser exercitada nos corredores quando escutamos a recorrência por parte dos funcionários da crença de que "voltando ao trabalho, o colega melhora". Pode ocorrer observando os cursos de capacitação oferecidos pelas empresas. Esta terceira situação merece ser analisada mais detidamente.

A seleção de tais cursos manifesta a narrativa de quais temas merecem a atenção da Organização e de quais funcionários merecem serem investidos — e de qual modo — por esta mesma Organização. Há aqueles que estão sempre presentes nos cursos estratégicos; há outros que frequentam com assiduidade cursos protocolares. Os últimos chamam mais a nossa atenção: trabalhadores que são chamados para eventos de capacitação demandados, em algumas épocas do ano, por determinada área da empresa que pede para que outras áreas enviem dois ou três representantes para aprenderem assuntos protocolares, um novo sistema a ser repassado ou, no pior dos casos, um projeto que se sabe que não irá muito adiante.

Abrindo a porta de cursos como estes por engano, diversas vezes, adiantado para ministrar a minha própria aula, tive a oportunidade de perceber um público recorrente que costuma frequentá-los. Da última vez que isso ocorreu, quando vi Luiz e Laura nas primeiras cadeiras, compreendi o que há anos, de fato, acontecia: estes cursos mais "burocráticos", em que funcionários eram convocados a comparecer, tornara-se um reduto de pessoas com impasses emocionais. Vários rostos conhecidos de antigas e recentes visitas ao setor de psicologia, pelas mais diversificadas razões, lá estavam. Os gestores apresentavam estes cursos para estas pessoas — com pouca convicção sobre o que eles próprios diziam — geralmente como uma possibilidade de motivá-los. Esta recorrência evidenciava um sintoma organizacional: *os gestores não sabem o que fazer com estas pessoas — qual direção lhes oferecer.*

Se os gestores *acreditam* que sabem o que fazem quando sugerem às pessoas, mesmo deprimidas, participar de eventos estratégicos de capacitação voltados para aquisição de novas capacidades, de outro modo, nos casos de cursos protocolares, eles não possuem a menor noção do que fazem quando encaminham estes funcionários para esta modalidade de capacitação. Se existem funcionários que são convidados a participar de cursos estratégicos nas empresas, como os de gestão de pessoas por competências — e, em algumas vezes, esta prescrição é equivocada, no caso de quadros de depressão, devido à falta de alinhamento com uma gestão estratégica de saúde —, existem outros que são convidados a modalidades de capacitação, sem nenhum sentido para a Organização nem, sobretudo, para os próprios participantes do curso. Tal descuido pode contribuir para agravar ainda mais o quadro de saúde emocional. Este sintoma organizacional desvela o lado sombrio do gerencialismo baseado na eficácia produtiva na atualidade, que cria uma forma inédita de exclusão social nas empresas — gestão de pessoas *sem* competências?

Perceber a produção desta espécie de excedente representado por tais funcionários — este excesso sintomático nas Organizações contemporâneas — nos indicou qual a intervenção tomar no último dia do curso "A depressão no ambiente de trabalho", qual seja, trazer à luz, justamente, o sintoma instituído: grande parte dos gestores *não sabem o que fazer*, tampouco direcionar estes trabalhadores de forma a recuperar sua motivação e bem estar para o trabalho. O caminho escolhido geralmente resulta no oposto a que se propõem em termos de saúde e de gestão de pessoas.

Impasses na gestão do sentido de autonomia e competência

No último dia do curso "A depressão no ambiente de trabalho: prevenção e gestão de pessoas" costumo ministrar um módulo eminentemente prático, de cunho gerencial, quando o público é formado essencialmente de gestores. Meu intuito principal é verificar como utilizam os componentes individuais da motivação — fomentação de autonomia e sentido de competência — com servidores que atravessam períodos de depressão. Para isso, tento me aproximar da realidade do trabalho cotidiano do universo corporativo, apropriando-me de noções básicas utilizadas em cursos de capacitação em empresas, para levar este assunto tão pouco usual — gestão de pessoas com depressão — para a sala de aula com roupagens mais familiares. Trabalho então em torno de dois significantes fundamentais a quem exerce cargos de responsabilidade: liderança e comunicação. Começo o dia testando a capacidade deles de responder a uma pergunta de cada uma destas duas ferramentas gerenciais. A terceira pergunta foi inspirada na situação anteriormente discutida, sobre o oferecimento de cursos de capacitação para servidores que atravessam fases de depressão no trabalho. O restante da aula diz respeito à análise das respostas dos participantes.

1) Analise a questão abaixo sobre o estilo de liderança mais adequado para gerenciar funcionários que apresentam um quadro de depressão — o autocrático (direção), o desenvolvimentista (cocriação) ou o liberal (delegação).

"Prefiro delegar mais em vez de dirigir ou persuadir o funcionário. Temo que, se assumir um estilo mais autocrático de liderança, o servidor possa se sentir pressionado neste momento. Creio que lhe dando espaço e autonomia para — no tempo dele — realizar as tarefas, isso pode fomentar uma relação de maior confiança com ele".

2) Analise a forma de feedback mais adequada frente à distribuição de tarefas com funcionários que apresentam momentaneamente quadro depressivo. Como deve ser a minha comunicação com eles?

"Não é recomendável dar muitas tarefas para o funcionário deprimido. Isso pode deixá-lo ansioso. O gestor deve dar tempo ao servidor. Irei ajudá-lo se poupá-lo das inúmeras tarefas diárias, não exigindo muito dele. Devo, portanto, gerenciar o restante da equipe no sentido de compreender que aquele funcionário não receberá tantas tarefas quanto os outros do Setor".

3) Vale a pena sugerir cursos para um funcionário que atravessa uma fase de depressão se capacitar? Qual o tipo de curso você consideraria que ele poderia realizar?

Quanto à primeira e segunda perguntas, a maioria dos participantes concorda com os enunciados — e eles não representam, de forma alguma, o melhor encaminhamento a ser dado. No que diz respeito à terceira pergunta, a maioria também acredita que pessoas com sintomas de depressão não deveriam realizar cursos de capacitação nestes momentos — o que, também, é um equívoco. Embora tenha tido contato no curso com gestores com sensibilidade ímpar nestes casos, eram raros aqueles que sabiam lidar com situações que envolviam quadros de depressão. Isso não era surpresa, afinal a "doença do século XXI" ainda é uma novidade nas Organizações contemporâneas.

Na primeira pergunta, "delegar" e "autonomia" constituem os pontos de partida para o desenvolvimento da resposta. Logo de saída, perguntava-me por que consideravam que delegar era a melhor forma de gerir nestes casos. Por que justamente com pessoas com depressão? Esta modalidade de condução não seria mais apropriada para pessoas experientes e com plena capacidade laborativa no momento para exercer as atividades com plena confiança? Delegar parecia uma opção apressada, mais um sintoma organizacional do que uma escolha consciente sobre o estilo de liderança adequado nestas situações.

Alguns dos gestores pareciam fomentar no funcionário — de forma inconsciente na maioria das vezes — a necessidade de buscar um novo setor de trabalho. Mas nem todos os gestores agiam com agressividade, como poderíamos pensar de imediato — afinal qual é a melhor maneira de uma pessoa desejar trabalhar em outro lugar? Mais preocupante do que a agressividade era a *indiferença* se tornar a principal modalidade de laço social produzida em muitas das situações que envolviam a relação de gestores e pessoas com depressão no trabalho. Indiferença, ao meu ver, era a palavra chave para entender a escolha por delegar tarefas a estes funcionários. A opção pelo estilo liberal de liderança não passava por nenhum crivo técnico, parecendo predominantemente emocional a escolha em lhes delegar as mais variadas atividades: a primeira vista, pareciam não suportar o contato com servidores com depressão, seja por razões pessoais ou por preferirem outras pessoas exercendo aquelas atividades em seu setor.

Ao meu ver, indiferença é a situação mais prejudicial de vínculo entre gestor e funcionários, envolvendo uma série de não ditos. Sem dúvida, é o enquadre mais difícil do qual uma pessoa com depressão no trabalho pode se desembaraçar. Com um ambiente francamente hostil, a agressividade experimentada de forma constante geralmente produz um mínimo de coragem para o funcionário se proteger daquela situação: buscar outro setor para trabalhar, quando isso é possível, torna-se a saída mais evidente; sair do contexto estressante, como discutimos na primeira parte deste livro. Mas, e quando ele não sabe se o setor de trabalho é bom ou mau?

A situação de indiferença pode causar "ruído na comunicação", que se traduz em confusão na gestão de pessoas com depressão. Geralmente, a comunicação passa a se caracterizar pelo duplo vínculo (GAULEJAC, 2007), assertivas contraditórias que anulam uma a outra, deixando o servidor paralisado, literalmente sem saber como agir. E, se lembrarmos que a depressão já envolve uma considerável dificuldade frente à capacidade de ação, podemos avaliar o quanto este posicionamento nada ajuda na recuperação destes quadros. Produz-se um pseudoinvestimento no servidor mais danoso do que casos de franca agressividade. Em muitas situações, o gestor diz que confia nele, mas nem percebe que não lhe passa tarefas. Ou, ao contrário, delega uma série de atividades, acionando outra pessoa para conferir uma por uma. Confuso, o servidor, mesmo não se sentindo bem neste ambiente de trabalho, de forma geral, não se encontra à vontade para deixar o setor: "afinal, ele gosta de mim, me aceitou aqui nem me passa muito trabalho para me proteger". Goulejac (2007) denomina de *attachement* o vínculo do qual o indivíduo não consegue se depreender, caracterizado por enunciados que se anulam mutuamente, configurando-se como patogênico.

O que ocorre nestes casos é uma total falta de crença, por parte do gestor, na capacidade técnica deste funcionário neste momento — o que torna a situação ainda mais confusa quando escolhe "delegar" tarefas a ele (mesmo pondo outro funcionário para conferir), considerando que só delegamos quando confiamos no trabalho a ser executado. Ao contrário de confiança, geralmente este gestor possui expectativas deficitárias a respeito do trabalho do funcionário. Não acreditando na recuperação da sua capacidade de iniciativa, a indiferença do gestor lhe transmite um "nada espero" que, por sua vez, pode reverberar na pessoa fragilizada emocionalmente como "espera de nada". Este é um dos piores cenários para um trabalhador com depressão à medida que reedita a falta de confiança no futuro, sintoma predominante do quadro de baixa de humor.

Delegar se mantém uma palavra em moda nas Organizações há cerca de 20 anos. Ela concerne ao estilo de liderança liberal que, nos termos de Lewin, consiste em dar autonomia a quem já adquiriu competência o suficiente para organizar seu trabalho sozinho e conduzir um projeto. Este estilo entrou, contudo, de forma contundente nas empresas, como se quem soubesse delegar fosse um bom gestor e quem não soubesse, um líder despreparado. Em alguns processos de gestão por competências, chega-se ao absurdo de "delegar" se elevar à capacidade a ser conquistada, substituindo a própria competência "liderança". Ora, quem disse que delegar é sempre a melhor opção? Lewin não nos ensinou que tudo depende do contexto — tanto que cunhou o termo "liderança situacional" para abarcar estilos de liderança diferentes, que vão da condução, à cocriação e à delegação? Seria apropriado delegar atividades a uma pessoa recém chegada na Organização? Não seria mais produtivo conduzi-la mais de perto, mostrando-se disponível para a orientar no que for preciso? A frequência como a palavra delegar surge nas Organizações, sem crivo crítico, se tornou indicativo de um sintoma: a cultura neoliberal globalizada adentrando as empresas e construindo o imaginário organizacional (SENNETT, 1999).

Este modismo é ainda mais preocupante nos casos de depressão no trabalho. Por três razões principais: primeiramente, autonomia não pode ser confundida com independência. Não é deixando-o sozinho — independente — que favorecerá a "autonomia" do funcionário. Em segundo lugar, porque este trabalhador necessita justamente do oposto neste momento. Precisa de um investimento constante, linear, que reverbere numa situação de continuidade, na qual cada dia pareça um passo promissor para o seu restabelecimento; e isso acontece se os gestores são flexíveis diante da escolha do estilo de liderança mais apropriado de acordo com cada situação. Em terceiro lugar, porque delegar é supor que se tenha autonomia e se sinta competente para executar as atividades cotidianas. Motivação é justamente o que falta a pessoas com depressão no ambiente de trabalho. Se delegar pressupõe autonomia por parte de quem vai executar o projeto, esta atitude — endereçada a uma pessoa com sintomas de baixa de humor — não seria o mesmo de oferecer um copo de água a quem está se afogando?

Ao contrário da indiferença e da descrença em seu restabelecimento, demonstrar esperança e investimento constante são as atitudes mais promissoras para sedimentar um laço de trabalho positivo nestes casos. Mas como o gestor — com tantas demandas e atribuições em seu cotidiano de trabalho — pode manter esta constância? Manter uma atitude de espera e investimento constantes significa fomentar gradativamente a recuperação da motivação do funcionário deprimido, estabelecer um contexto capacitante de autonomia e sentimento de competência no trabalho; jamais exigir-lhe, de imediato, que trabalhe com autonomia. Entretanto, isso não requer grandes malabarismos emocionais do gestor, tampouco formação prévia em psicologia. O gestor e o ambiente precisam ser simplesmente facilitadores do retorno da motivação nestes quadros. O retorno da autonomia no trabalho passa necessariamente pela recuperação do sentido de ser competente no que faz, e, neste ponto, *comunicação adequada* — ao lado do recurso a modalidades de liderança flexíveis diante de cada contexto — torna-se uma ferramenta fundamental. Ocorre que é exatamente a fomentação do duplo vínculo — o contrário de uma comunicação apropriada — o que se manifesta nas Organizações atuais.

A forma privilegiada de comunicação nas Organizações ocorre por meio justamente do repasse das tarefas a serem executadas. Negar-lhes tarefas, portanto, em nada ajuda. Nestes momentos, diz-se o que se espera das atividades demandadas e, também, indica-se, acompanhando a execução, se o projeto está bem ou mal encaminhado, o que precisa ser feito, o que é prioritário ou não. O gestor precisa se fazer presente. Mas, e quando o gestor resolve não colocar o servidor em nenhum projeto por não desejar o desestabilizar? "Desestabilizar" é uma palavra que atravessa seus pensamentos por quê? Quem corre mais risco de ficar "desestabilizado" nesta relação?

Geralmente, por trás desta aparente proteção, há uma autoproteção: em muitos casos, o gestor simplesmente teme se comunicar com o servidor por simplesmente não saber como e o que fazer. Neste sentido, o retorno ao servidor de como está se saindo frente as suas tarefas torna-se obstruído. E este é o instrumento principal — a conhecida "prática de *feedback*" nas corporações — por meio do qual gestores podem auxiliar na reapropriação do sentimento de competência de alguém com baixa de humor. Por sua vez, a recuperação do sentimento de que é capaz de realizar as mais diversas atividades geralmente ajuda a fomentar o gradativo retorno — e desejo — de maior autonomia na execução dos projetos, e, assim, aliado ou não a tratamento psicoterápico ou psiquiátrico, a reconquista da motivação de trabalhar. Diante deste panorama sombrio, este emaranhado de desconhecimento que envolve a condução destes casos transforma o retorno do senso de autonomia e competência para estes trabalhadores em desafio pouco promissor nas Organizações atuais.

O discurso paradoxal da Organização

Quando Luiz e Laura saíram de um destes cursos protocolares, em que enviam funcionários apenas para cumprir a política de boas vizinhanças com o setor demandante, eles sentiram os efeitos de um discurso paradoxal. Não apenas a sensação de perda de tempo, mas a total falta de sentido de participarem do curso trazia um mal-estar difuso, impossível de ser metabolizado. Depois de escutarem do profissional de saúde que "voltando ao trabalho, você melhora", ainda não recuperados pelos respectivos eventos de depressão, sofreram as consequências do seguinte paradoxo, implícito na convocação para o curso: "é muito importante que você frequente este curso que não tem a mínima importância para o nosso setor".

Após o fracasso do seu processo de gestão por competências, Laura foi recolocada no setor de Luiz e, pela primeira vez, passou a trabalhar na área fim — um gabinete de um magistrado. Quando Luiz explicou as diferenças do organograma da área meio em relação à área fim — sobretudo as diversas funções e gestores exclusivos dos Gabinetes — Laura se deu conta de algo em que nunca havia pensado quando se dedicava à área administrativa. Existe o cargo do Assessor de Metas em cada Gabinete. Se são trinta Gabinetes de desembargadores, há trinta pessoas investidas desta atribuição. Mais uma vez, o processo de gestão por competências veio à sua mente: como nos oferecem liberdade, autonomia e criatividade para conquistarmos nossas competências, por um lado, e assim cumprirmos nossas tarefas, mas, por outro, disponibilizam um Assessor de Metas cuja função é regulamentar, disciplinar e cobrar o alcance dos resultados?

"Não é mais um compromisso recíproco que regula as relações entre o indivíduo e a organização, mas uma injunção paradoxal" (GAULEJAC, 2007, p. 117). Este poder paradoxal se faz sentir sem que gestores nem trabalhadores possam claramente distinguir suas diferenças. O paradoxo que rege a organização do trabalho contemporânea é exercido da seguinte maneira, segundo Gaulejac: "cada um é convidado a cultivar sua autonomia, sua liberdade e sua criatividade para melhor exercer um poder que reforça sua dependência, sua submissão e seu conformismo" (GAULEJAC, 2007, p. 123). Quando a empresa progride, o trabalhador regride: quando mais o trabalhador "tem sucesso, mais sua dependência aumenta... quanto mais ele se identifica com a empresa, mas ele perde em autonomia... o fato de ganhar, leva a sua perda" (2007, p. 118).

Cabe aqui uma consideração para compreendermos com exatidão os novos contornos do poder exercido nas organizações: paradoxos são inerentes ao jogo de linguagem humana e não são um problema em si. Vimos o paradoxo do atravessamento do luto, em Freud, quando discutimos os benefícios da tristeza: perdendo é que se ganha. Já um poder paradoxal possui outras consequências, engendrando impasses no sentido de prender o sujeito a lógicas sem saída na qual qualquer decisão tomada incorrerá em não satisfazer uma das assertivas que lhe foram postuladas. Distinto do paradoxo de caráter estruturante e libertador no exemplo da psicanálise, o poder paradoxal aprisiona e paralisa.

As injunções paradoxais, de fato, são inúmeras nas empresas atuais: demanda-se crescimento do desempenho com diminuição dos custos (GAULEJAC, 2007, p. 121). Desejam zero de papel, zero de falha, zero de atraso, com qualidade total (GAULEJAC, 2007). Mandam ganhar tempo quando, cada vez mais, menos tempo se tem. Desejam qualidade, mas exigem quantidade "para ontem". Promovem a gestão por competências, celebrando o mérito e os esforços individuais, mas escuta-se em toda a Organização que "antiguidade é posto". "Só podemos escapar de um poder paradoxal desmontando seus próprios mecanismos. Todavia, como proceder se a própria pessoa está dentro do sistema" (GAULEJAC, 2007, p. 123)?

Talvez, as Organizações públicas sejam as instituições em que melhor possamos circunscrever este poder paradoxal da gestão contemporânea. Uma Organização jurídica como a Justiça Federal, por exemplo — e, ainda mais especificamente, um Tribunal — talvez nos forneça material para análise em lentes de aumento. Isso porque a própria cisão inerente ao seu organograma, entre área meio e área fim, desvela dois mundos antagônicos. No primeiro, encontram-se espaços para importar experimentações provenientes das formas de gestão da esfera privada, com suas "inovações" e discursos da moda, como o da gestão por competência e a compulsão pela qualidade total. Nele, parece incidir, com mais propriedade, o incentivo da autonomia na área meio. Por outro lado, na área fim, constata-se o discurso da disciplina sem grande parte das roupagens do gerencialismo contemporâneo. O imaginário da obediência à autoridade e do medo atravessa os gabinetes onde é recorrente escutar-se a seguinte fala diante de um funcionário da área meio: "você não tem um juiz (para te proteger)"? Já o Assessor de Metas está mais preocupado com a obediência dos prazos para colocar processos na pauta, por exemplo, do que com a execução do trabalho com criatividade e autonomia.

Contudo, esta cisão é, ainda, aparente. Não há dois discursos antagônicos, competindo para, em dado momento, um sobressair-se em relação a outro. A lógica paradoxal perpassa toda a Organização tornando-se apenas mais audível na área meio. Vale lembrar que, tanto em uma área como em outra, a Organização sofre da "doença da medida" (GAULEJAC, 2007; CASTRO, 2015) — seja incidindo, sobretudo, em comportamentos, como nos projetos de gestão de pessoas por competências, seja nas estatísticas dos processos a serem julgados, a cargo do Assessor de Metas. Nesta perspectiva, pode haver dois discursos divergentes na empresa, porém vinculados ao mesmo paradigma de subjugação da ação humana: um claramente disciplinar, e outro com roupagens atuais, mas vinculado ao ideal gerencialista da eficácia produtiva.

A figura do *coach* no processo de gestão por competências parece emblemática neste sentido. Nada mais é que a pessoa que mede as atividades do funcionário — verificando como foi disciplinado em atingi-las — e propõe novas tarefas para se aperfeiçoar, mescladas por doses de criatividade e muita responsabilidade. Será em nome da independência, e não tanto da autonomia, que o funcionário irá empenhar-se, mais uma vez, com toda a disciplina, para cumprir suas tarefas de aprimoramento. O discurso da meta, perpassada pelo antigo viés de submissão da ação humana, está igualmente presente no atual processo de gestão de pessoas por competência. Desta forma, o *coach* pode ser pensado como "o assessor de metas do século XXI", protegido pelo vocabulário do esporte que invade as organizações contemporâneas. Tal vocabulário, difundido entre todas as "equipes" de trabalho, como já mostrou Sennett (1999), disfarça os critérios de dominação, disseminando a ideia de que todos pertencem ao mesmo time (SENNETT, 1999), sendo uma baliza crucial para a proliferação de paradoxos. Frente ao declínio da autoridade simbólica nas Organizações pós-disciplinares, Sennett nos apresenta uma nova forma de gestão — o poder sem autoridade. Tal dispositivo, articulado pelo autor, configura-se como o poder paradoxal, analisado por Gaulejac.

Em vez de por a questão, como Gaulejac, em torno do paradoxo "autonomia — dependência", preferimos propor "autonomia-disciplina", o que não prejudica a hipótese do autor. Afinal, trata-se de dependência à disciplina e à regulação, em última instância. Vimos que o desejo de autonomia teve um longo percurso na era moderna, sendo, inúmeras vezes, capturado pelo discurso filosófico-jurídico (FOUCAULT, 2002) da disciplina. Parece que este é o caso que se apresenta nas Organizações atuais. Ao substituir o modelo de gestão do poder disciplinar pelas novas modalidades do poder gerencialista, as empresas mantém o viés da disciplina, porém em sua "forma pós-disciplinar" — sem coerções explícitas — por meio de um poder paradoxal que leva as pessoas ao desnorteamento. A diferença da operação da *disciplina* na sociedade *pós disciplinar* diz respeito ao engajamento voluntário dos indivíduos, o envolvimento da subjetividade no processo, veiculado por paradoxos ilegíveis. O resultado é a autonomia controlada (GAULEJAC, 2007), capturada pelos ideais organizacionais.

Patologia ou violência?

Sabemos há muito tempo, com as pesquisas no campo da psicologia, que a prática do duplo vínculo produz desnorteamento. "Quando o conjunto do sistema de organização se torna paradoxal, quando ele se apresenta como perfeitamente racional, os empregados enlouquecem." (GAULEJAC, 2007, p. 225). Uma das manifestações mais atuais dos efeitos disso é o fenômeno do assédio moral em empresas no mundo inteiro. Ele cresceu imensamente nos últimos anos (GAULEJAC, 2007). O assédio moral não é uma questão individualizada, mas, de forma geral, caracteriza uma situação coletiva. Quando o assédio, o estresse e as depressões se desenvolvem sem controle nas Organizações, é a própria gestão da empresa que precisa ser posta em análise. Mas, será que se trata mesmo de patologia?

Devemos rejeitar com contundência o raciocínio de que as Organizações são perversas ou neuróticas; isso contribuiria apenas para, novamente, individualizar o impasse, pondo, desta vez, todo o problema nas costas dos gestores, como se vários deles manifestassem condutas patológicas. As Organizações não são perversas, paranóicas ou neuróticas. Em vez disso, seus modos de funcionamento podem suscitar nos empregados comportamentos neuróticos, perversos ou paranóicos (ENRIQUEZ, 1998). O que as Organizações contemporânea produzem é violência. Esta violência, fomentada pela pressão insensata pelo desempenho e alcance de metas, demanda uma resposta — um destino — por parte dos trabalhadores, torna-se "energia solta", cultura da pulsão de morte (FREUD, 1920), em termos psicanalíticos. Quando os funcionários não podem reagir contra a pressão e as causas organizacionais desta violência, "ela se volta contra eles" (GAULEJAC, 2007). Em outras palavras, a pressão no trabalho, por todos sofrida diante das formas de gestão da atualidade, retorna contra eles próprios ou é transferida para um dos seus pares.

Desta perspectiva — sendo as próprias condições de trabalho que a propiciam — podemos cunhar um novo olhar sobre a indiferença de parte dos gestores frente aos quadros de sofrimento causados pela depressão no trabalho. Ela é uma reação ao confronto com o produto final da violência da gestão organizacional: o sujeito adoecido que chega em seu setor pedindo para nele ser incluído. A tensão em jogo cria condições "para o assédio, seja em uma posição perversa, no qual os outros são percebidos como objetos utilitários, seja em uma posição masoquista de vítima, na qual o outro é fonte de um sofrimento pelo qual não se quer passar, e seja em uma posição paranóica, no qual o outro é percebido como um perseguidor" (GAULEJAC, 2007, p. 228). Todas estas posições podem comparecer frente ao sofrimento manifesto por um trabalhador com depressão no ambiente de trabalho.

Neste sentido, o duplo vínculo presente na comunicação, conforme discutido, é um mero sintoma: configura-se apenas como a resposta individualizada do gestor reproduzir — e se defender — do discurso paradoxal da Organização. Este sentido paradoxal é especialmente experimentado pelos gestores que estão a meio caminho tanto das diretrizes organizacionais da alta Administração como do repasse destas prescrições para seus "colaboradores": "por um lado, eles celebram as virtudes do liberalismo e da livre empresa; do outro, eles se apresentam totalmente submissos e dependentes de um sistema do qual eles são, ao mesmo tempo, produtores e produtos" (GAULEJAC, 2007, p. 224). Concordamos com Gaulejac que poderíamos ver nisso apenas duplicidade, considerando que os gestores acabam se tornando especialistas em linguagem dupla; contudo, parece mais justo perceber nesta situação "as consequências de uma socialização segundo esta ordem paradoxal. Não podemos nela sobreviver a não ser tornando-nos nós mesmos paradoxais, não por duplicidade, mas por necessidade" (GAULEJAC, p. 224).

"Como vimos, o poder gerencialista tem como objetivo canalizar a energia psíquica para transformar em força de trabalho (GAULEJAC, 2007, p. 232). E quando este poder torna-se violência, e a energia a ser canalizada transforma-se em reações que também se configuram como violência? Ora, se o ato de comunicar produz uma exigência de trabalho ao receptor da mensagem que se encontra impedido de dar uma resposta às demandas organizacionais permeadas por injunções paradoxais, o encaminhamento desta energia solta, impossibilitada de se ligar a nenhum objeto satisfatório, não poderia ser efetivado senão por meio da mesma violência? Não seriam cometendo erros, assediando outras pessoas ou adoecendo — deslocando a violência para a própria empresa, transferindo-a ou incorporando-a — as principais maneiras de direcionar as injunções paradoxais que caracterizam as Organizações contemporâneas?

As mensagens paradoxais constituem um efeito da crise da autoridade simbólica nas empresas e da consequente falta de sentido que perpassam os modos de organização do trabalho e as formas de gerenciamento. Cada um precisa descobrir — inventar — seus próprios sentidos na execução de suas tarefas, e, nestes termos, a impossibilidade de compartilhamento de experiências contribui para fomentar as injunções paradoxais que desorientam a todos. Frente a esta violência, na ausência de sentidos coletivos que possam significá-la e, ainda, tendo que responder às inúmeras pressões relativas ao aumento do volume de trabalho atualmente, as reações são as mais diversas: mais pressão para os mais enredados na busca pelo sucesso, depressão para aqueles que não se sentem à altura das crescentes exigências de desempenho, "estresse para todos aqueles que devem suportar a cultura do assédio. Uns se dopam para permanecer na corrida, outros se medicam para cuidar de suas feridas, e todos vivem com ansiedade e medo" (GAULEJAC, 2007, p. 232).

A fronteira entre doença mental e sofrimento associado à organização de trabalho sempre constitui debate controverso nas discussões multidisciplinares sobre nexo causal nas equipes de saúde: patologia ou mal-estar social proveniente das condições laborais? Depressão ou desespero decorrente da violência organizacional? Tomamos partido do ponto de vista de Gaulejac: "cada um sofre pressões em uma corrente sem fim, em que cada elo pode se encontrar na posição de assediador ou assediado" (GAULEJAC, 2007, p. 226). Faz-se necessário, portanto, rejeitarmos as respostas individualizantes em torno da patologização dos trabalhadores de que há vítimas e algozes. Quando não apenas servidores, mas os próprios gestores estão presos a esta mesma engrenagem, e sofrendo seus efeitos, — ou seja, quando todos na Organização estão envolvidos — é preciso que seja feito algo a respeito. Tratar a questão de forma individualizada, como se constata, no melhor dos casos, nas Organizações contemporâneas, produz dois equívocos, solidários: o primeiro é supor a existência de muitos psicopatas nas empresas, utilizando seu tempo para criar situações assediadoras contra suas vítimas; o segundo induz a não tocar no âmago do problema: a própria violência organizacional precisa ser tratada. Nem os trabalhadores nem os gestores, de repente, se tornaram perversos ou psicopatas, e medicá-los não resolverá o mal-estar. Até quando iremos proteger o contexto organizacional da produção da violência em pauta nas empresas atuais? Na impossibilidade de produzir sentidos individuais para um impasse social, é do coletivo organizacional que precisa advir esta resposta. Tal resposta precisa vislumbrar um novo paradigma organizacional.

Capítulo 8

A PROMOÇÃO DE SAÚDE COMO DISPOSITIVO ESTRATÉGICO PARA A GESTÃO DE PESSOAS

A escuta do clima organizacional

Uma escuta clínica da empresa se exerce, também, estando atento às pesquisas de clima organizacional. Na Justiça Federal é recorrente o resultado da comunicação interna e da administração de conflitos representarem os principais colocados no *ranking* de impasses a serem sanados. Este diagnóstico revela sintomas relevantes que exigem um tratamento diferente do que se tem reservado-lhes. Além de "amarrar" as principais ideias, hipóteses e propostas discutidas neste estudo, pretendemos neste capítulo oferecer uma interpretação a esta recorrência, indicando as articulações destes sintomas com a cultura do gerencialismo contemporâneo. Desejamos mostrar que, acima de tudo, estes sintomas sugerem a predominância do discurso econômico sobre o político (GAULEJAC, 2007), dificuldade que, ao imiscuir-se na sociedade contemporânea, em suas mais diversas instituições, obstrui qualquer possibilidade de se estabelecer um pensamento político ou uma política organizacional.

Vimos que a depressão é a maior causa de absenteísmo nas empresas, podendo chegar a 20% ou 25% do quadro de funcionários em 2020. Para combater este panorama, é necessário pensar a saúde de forma estratégica, por meio de um alinhamento, mais do que urgente, com o gerenciamento de pessoas. Nesta perspectiva, para conceber a saúde como dispositivo de gestão e começar a reverter este cenário alarmante, em primeiro lugar, a depressão nas Organizações precisa ser tratada tal como fazem as políticas de saúde atualmente, orientadas pela OMS: *como um sintoma social*. O encaminhamento nas empresas deste quadro, contudo, tem sido eminentemente individualizante, tanto por parte dos projetos que supõem combatê-la como do posicionamento dos próprios trabalhadores. Este equívoco epistemológico que habita as bases das intervenções nas empresas acarreta dificuldades consideráveis na gestão do sofrimento decorrente das depressões no trabalho.

Não é sugerindo um psicólogo ou psiquiatra conveniado do plano de saúde, tampouco meramente subsidiando terapias antiestresses nas instalações da empresa, nem, ainda, atacando o problema do assédio moral, punindo o suposto algoz e protegendo a respectiva vítima, que a depressão será combatida. Este constitui o cerne do impasse nas empresas contemporâneas no que diz respeito ao confronto do nível crescente de sofrimento psíquico: o coletivo tem sido negligenciado — recalcado — nas instituições corporativas. E isso ocorre nas duas dimensões que produzem a cultura organizacional de uma empresa: na paradigmática e na pragmática — esta última relacionada aos projetos "motivacionais" privilegiados pelas Organizações.

A perspectiva paradigmática da cultura organizacional

Na dimensão paradigmática, diante do diagnóstico da Organização sobre as possíveis causas da depressão no trabalho, assistimos a um inquietante paradoxo: os *indivíduos* responsabilizam a própria perspectiva *individual* pelo sofrimento emocional. Vimos vários exemplos deste sintoma organizacional: 1) as tecnologias de gestão contemporâneas, como a gestão de pessoas por competências, alimentadas pelos ideais sociais de independência, iniciativa e autorresponsabilização pelo desempenho pessoal podem fomentar o sentimento de insuficiência quando um projeto fracassa, experimentado pelo trabalhador como falha pessoal, atingindo o cerne do seu narcisismo; 2) Alguns profissionais de saúde podem alimentar este imaginário individualizante, quando prescrevem que "voltando ao trabalho, o funcionário melhora", como se tudo dependesse da saúde, do esforço de adaptação e das formas de resistência individuais e nada dissesse respeito ao contexto do trabalho; 3) Os próprios gestores, na maioria das vezes, imaginam que o problema concerne unicamente ao indivíduo adoecido; 4) Por último, o próprio trabalhador costuma recorrer apenas à medicação colocando o ônus do sofrimento inteiramente nos seus ombros, como os remédios aliados a seus esforços pessoais de adaptação pudessem resolver o impasse.

A hipótese desenvolvida neste estudo sustenta que a empresa em seu conjunto parece proteger ou rejeitar a possibilidade do contexto relacionado à organização do trabalho participar na produção do sofrimento nas empresas. Como entender tal proteção do contexto organizacional, no caminho inverso do paradigma emergente tão reivindicado nas manifestações que dão início à sociedade pós-disciplinar? Após o corpo social manifestar "o desejo de ser você mesmo", arregimentando, por um lado, esforços em retirar a responsabilidade dos conflitos culturais das costas dos indivíduos, e, por outro, denunciando os excessos de violência presentes na própria sociedade, como compreender esta defesa do contexto estressor do trabalho como, igualmente, um fenômeno da contemporaneidade?

Não obstante o desejo de maior autonomia individual nas manifestações políticas da década de 1970 que introduziram a sociedade pós-disciplinar, tanto o discurso da saúde mental vigente como o do gerencialismo contemporâneo trilham um caminho oposto a tal reivindicação. Embora suas práticas não estejam reunidas, de forma organizada, em manuais de conduta técnica, como os DSMs no campo da psiquiatria, constituindo claramente um produto cultural (ZORZANELLI, 2015), as práticas do gerencialismo da eficácia produtiva também podem ser consideradas segundo a mesma perspectiva. São produtos e produtores — de relevância estratégica fundamental — da sociedade pós--disciplinar.

Neste sentido, estes dois produtos culturais nos fornecem uma leitura valiosa do paradigma que forma e informa o mundo contemporâneo: de um lado, no DSM, o privilégio dos sintomas individuais ao lado da desvalorização do contexto histórico e da narrativa da doença do paciente; de outro, nas empresas, a proteção do contexto estressor das possíveis críticas a sua contribuição para a depressão no trabalho, e a associação das práticas de "desenvolvimento de pessoas" à adaptação meramente individual aos ideais organizacionais: ambos manifestam a recorrência do paradigma tradicional de submissão da ação humana na sociedade pós-disciplinar. Assistimos a um taylorismo renovado com roupagens atuais no gerencialismo da eficácia produtiva (CASTRO, 2015) e a um dispositivo disciplinar, com força de Lei, no novo DSMV (DUNKER, 2015). Embora a "doença da medição" (GAULEJAC, 2007) — de sintomas ou de comportamentos — característica fundamental do paradigma tradicional de dominação da ação humana, esteja presente nestes dois produtos culturais, a tônica da submissão da autonomia recai de forma diferente — descentralizada e de modo não coercitivo — na sociedade pós-disciplinar.

São os gestores, por meio das tecnologias prescritas pela Organização, voltadas para o gerenciamento de pessoas, e os profissionais de saúde os agentes institucionais privilegiados com autoridade de *por em ação* os sujeitos acometidos de sofrimento emocional nas empresas. Seus discursos *técnicos* são cruciais para a compreensão da depressão nas organizações contemporâneas. Se o poder de enunciação destes dois profissionais — gestores e técnicos da saúde — está comprometido com certos dispositivos do paradigma tradicional de submissão da autonomia humana aos ideais sociais, e, ao mesmo tempo, tais agentes disseminam discursos prometendo liberdade, iniciativa e bem estar, suas prescrições só podem produzir sentidos paradoxais nas organizações atuais. É esta dupla vinculação a principal diferença da subjugação da ação humana disseminada na atualidade em relação a dominação exercida outrora pelo paradigma da autoridade tradicional: a submissão da autonomia não se dá por meio da violência da autoridade tradicional, mas da truculência de um "poder sem autoridade" (SENNETT, 1999), descentralizado, produtor de uma ordem paradoxal.

Os gestores estão na linha de frente das inúmeras formas de sofrimento causadas por este poder paradoxal. Quando eles insistem em delegar atividades para funcionários deprimidos — ao prescreverem autonomia para pessoas paralisadas frente suas capacidades de iniciativa e proatividade — eles evidenciam o cerne do impasse desta ordem paradoxal. Gaulejac (2007) indicou que o poder paradoxal, como manifestação do declínio da autoridade simbólica nas empresas, produz violência. Ele sequestra o sujeito para a paralisia de uma situação sem saída, ansiogênica, onde qualquer resposta será insuficiente, deixando um dos pólos da dupla enunciação insatisfeito. Mesmo que o duplo vínculo causado na comunicação, na forma de gerenciamento exemplificada, seja um sintoma — uma resposta e mesmo uma proteção — de um poder paradoxal maior, que se propõe a novo paradigma cultural; mesmo que represente apenas uma prática defensiva de indiferença frente ao outro, de cunho inteiramente inconsciente, não havendo *intenção* consciente do agente; mesmo assim, sua *realização* na Organização se *manifesta* como violência. Neste sentido, pode se configurar, nos termos do paradoxo articulado por Gaulejac, como prática assediadora. Vale ressaltar, contudo, que os gestores manifestam apenas o sintoma de uma prática de violência generalizada, coletiva, instituída, embora não prescrita em nenhuma instituição normativa; afinal de contas, o poder paradoxal é, por natureza, ilegível.

A articulação dos argumentos de Gaulejac (2007), Ehrenberg (1995, 1998) e Sennett (1999) nos levaram a perceber a íntima relação existente entre este poder paradoxal e as depressões nas Organizações na contemporaneidade. O principal paradoxo produzido pelas Organizações atuais proposto no presente estudo relaciona-se indissociavelmente com o aumento dos quadros de depressão nas empresas nos últimos anos: *a forma de convocar o funcionário à ação no trabalho pode provocar uma pane em sua capacidade de ação*. A nossa constatação vai ao encontro da análise de Gaulejac (2007) de que, na forma como ocorre nas empresas, o estímulo à autonomia pode evocar, simultaneamente, a dependência. As prescrições de alguns profissionais de saúde — "voltando ao trabalho, você melhora" — e o incentivo à iniciativa e à autonomia nas práticas de gestão por competências, na qual a figura emblemática do *coach* pode ser concebida como o "assessor de metas" da sociedade pós-disciplinar, são indicadores da violência organizacional deste poder paradoxal.

Esta parece ser a razão fundamental de grande parte dos agentes institucionais rejeitarem a participação do contexto estressante na produção da depressão no trabalho. O mecanismo de defesa inconsciente parece ser acionado — de forma tácita e coletiva — para se protegerem da violência em jogo da qual são produto e produtores, vítimas e algozes. Ora, se a própria fomentação da inibição da possibilidade de agir, característica fundamental da depressão contemporânea, está investida de um poder paradoxal — convocar à ação e, ao mesmo tempo, inibir à ação —, ela evoca, igualmente, violência, sentida na experiência claustrofóbica da impossibilidade de se desembaraçar do paradoxo. Levando a termo nossa hipótese de trabalho, chegamos a seguinte constatação: o paradoxo produzido pelas empresas relacionado ao aumento dos quadros depressivos engendra, ao mesmo tempo, potencialmente, práticas de assédio moral nas Organizações atuais.

Aqui chegamos ao âmago do poder paradoxal (GAULEJAC, 2007), ou poder sem autoridade, nos termos de Sennett (1999), nas Organizações contemporâneas: ao proteger o contexto estressor, o paradoxo do indivíduo responsabilizar a própria dimensão individual como fator determinante na produção do quadro depressivo é, na verdade, uma *resposta paradoxal*. Parece uma reação defensiva, mas não por isso pouco violenta, ao paradoxo existente anteriormente, que informa que os modos como os agentes institucionais convocam os trabalhadores à ação são produtores de inibição da ação. Embora focalizar o assédio moral sobre um único indivíduo seja tranquilizador, pois bastaria apenas que essa pessoa mudasse seu comportamento, geralmente, esta modalidade de laço violento não é uma questão individualizada, mas fato de uma situação coletiva. Em outras palavras: é preferível vincular toda a responsabilidade ao indivíduo, protegendo o contexto estressor, no intuito de negar a produção coletiva do sofrimento nas Organizações. Desta forma, o problema pulveiriza-se. Ora, se o poder paradoxal é produzido por todos, esta violência é compartilhada: é o coletivo organizacional que deve ser posto em análise. Todos são responsáveis — cocriadores da truculência em jogo. A violência que envolve tanto a intensificação do sofrimento psíquico nas Organizações nos últimos vinte anos como a complexificação das formas de padecimento — podendo associar depressão, ansiedade e assédio moral — se efetiva como efeito de uma socialização por meio desta ordem paradoxal. Só podemos sobreviver nas empresas atuais tornando-nos paradoxais — como destacou Gaulejac (2007) — não por duplicidade, mas por imposição da própria cultura que caracteriza as Organizações contemporâneas. Talvez esta seja a razão mais contundente para compreendermos a afirmação de Ehrenberg da empresa ser concebida como a antessala da depressão contemporânea (EHRENBERG, 1995).

A perspectiva pragmática da cultura organizacional

Em termos pragmáticos, a resposta aos sofrimentos emocionais nas Organizações atuais se efetiva por meio de intervenções e projetos cujas bases epistemológicas apoiam-se na adaptação estritamente individual. Contudo, nem a depressão contemporânea nem o fenômeno do assédio moral, entendido como tecnologia de gestão (ARAUJO, 2012), articulado por um poder paradoxal, são produções individuais, mas coletivas. As intervenções pontuais, claramente voltadas para auxiliar o trabalhador a suportar as pressões do cotidiano, como "terapias antiestresse", e projetos, como aqueles dedicados à gestão por competências, orientados inteiramente para o "desenvolvimento pessoal", dão provas, há anos, de não serem os recursos apropriados para o combate da depressão nas Organizações.

A depressão não representa um mal-estar da insuficiência de adaptação, mas da falta de sentido (CASTRO, 2015). Tanto o sofrimento quanto o sentido que criamos para elaborá-lo são produzidos socialmente (GAULEJAC, 2007; CASTRO, 2015), por meio de práticas de compartilhamento e reconhecimento social.

Em outras palavras, a depressão é um sintoma social, atingindo estatísticas preocupantes, e seu enfrentamento impõe a necessidade de projetos organizacionais que levem em consideração esta perspectiva (social) na produção de novos sentidos para o mal-estar no trabalho. Só assim, pode-se reverter a assimilação da autonomia e do sentimento de competência pelos ideais individualizantes de independência e autossuficiência que alimentam as Organizações contemporâneas, fomentando isolamento e obstruindo as formas de compartilhamento no trabalho.

Nesta perspectiva, a escolha de projetos animados por motivações extrínsecas no combate da depressão nas empresas incorre em três erros solidários: metodológico — oferecer adaptação quando se demanda produção de sentido — mas, também epistemológico e antropológico. Na dimensão epistemológica, se o intuito é adaptar as aspirações dos trabalhadores aos ideais organizacionais, toma-se partido de uma representação do mundo que separa indivíduo e sociedade, tendo em vista, ainda, a integração destes interesses em benefício da regulação organizacional. A hierarquia entre indivíduo e sociedade está na base do paradigma de subjugação da ação humana cuja tendência é mais de produzir do que de combater o sofrimento emocional.

Na dimensão antropológica, o equívoco — diretamente resultante do enquadre epistemológico fundado na hierarquia entre indivíduo e sociedade — é mais grave. Tal como o outro produto cultural analisado neste trabalho, o DSM, as formas de gestão contemporâneas também não levam em consideração o contexto como produtor de conflitos. Mais uma vez, tal como o DSM — que chega a postular o paradoxo da "proliferação de modos de sofrimento na ausência de uma noção de sofrimento" (DUNKER, 2015, p. 70) — os pressupostos da eficácia produtiva que alimentam as Organizações atuais negligenciam a noção de sujeito do conflito, postulada pela psicanálise. Ora, se nesta ótica epistemológica, o que importa é conjugar os interesses individuais às aspirações coletivas, no caso, organizacionais, a única possibilidade de se pensar o sujeito nas instituições corporativas é em termos adaptativos, concebido nos moldes mecanicistas do cientificismo da modernidade. Nesta perspectiva, todo o ônus dos impasses relativos à integração aos ideais da empresa recai, invariavelmente, nos ombros dos indivíduos. Quais os efeitos antropológicos desta configuração? Neste prisma reduzido, o trabalhador só pode ser visto como deficitário, insuficiente, faltoso, que precisa, invariavelmente, se adaptar a algo, seja a um projeto ou a um novo setor de trabalho. Completando este quadro, aquilo a que ele deve se adaptar em nada precisa mudar porque não é visto como produtor de impasses neste enquadre epistemológico.

Uma dupla restrição envolve, portanto, o laço social produzido nas atuais formas de gestão de pessoas: um trabalhador sempre insuficiente, mesmo que já bastante capacitado, ao lado de um gestor que só pode reconhecer a sua equipe como deficitária. É fácil constatar a circularidade dos argumentos, alimentando-se mutuamente. Mas será que o gestor precisa ficar aprisionado a esta visão baseada na falta, vinculado sempre a uma gestão de pessoas ainda *sem* plenas competências? Não poderíamos pensar que a gestão por competências valeria apenas para alguns casos de empregados que precisassem adaptar-se realmente a novas circunstâncias de trabalho, não sendo, todavia, a única ferramenta capaz de equacionar pessoas e projetos?

Se concebermos a competência, assim como a liderança, como *situacional*, este cenário muda drasticamente. Isso significa que dada competência, considerada deficitária em determinada situação, pode manifestar-se plenamente em outro contexto. Isso não exemplifica o caso clássico do funcionário com desenvoltura verbal excelente em grupos com poucas pessoas, mas que perde esta capacidade diante de um auditório de trinta participantes? Por este viés, considerando a competência em termos situacionais — segundo o qual uma pessoa terá mais capacidade em determinada situação do que em outra para executar certa atividade — o gestor pode partir de um pressuposto inverso ao da insuficiência, abrindo-lhe novos horizontes de gerenciamento: a perspectiva da abundância. Nesta visão, as pessoas já desenvolveram diversas competências ao longo dos seus percursos profissionais, estando preparadas para engajarem-se em projetos, dependendo a qualidade desta vinculação a cada contexto. Ocorre que a análise do contexto onde um trabalhador pode ser mais capacitado do que outro para executar determinada tarefa, como dissemos previamente, é excluído das avaliações dos gestores, segundo o ponto de vista paradigmático vigente. Isso sequestra do gestor amplas possibilidades de administrar e motivar pessoas.

Tomemos de exemplo um projeto para o qual nenhum integrante da equipe teria experiência prévia. Nestes termos, a solução típica de desenvolvimento de pessoas seria capacitá-los para o novo desafio, o que, muitas vezes, leva tempo e alto investimento da Organização. Mas, e se o gestor visse seu grupo como um conjunto de pessoas com plenas competências para o desafio, uns mais que outros, dependendo da situação? E se o gestor percebesse sua equipe pela ótica do excesso e não da falta, administrando as capacidades do grupo, não visando à adaptação a algo externo a eles, mas, apenas, vinculando o saber-fazer de cada um a contextos que lhes confiram o sentido de estarem realizando exatamente aquilo que lhes competem?

A organização de um congresso de saúde para 500 pessoas representou uma experiência excepcional para rever o paradigma de gestão vigente. Sem que nenhum representante da equipe soubesse sequer como começar a produzir um evento como este, o projeto decolou sem precisar de grandes malabarismos em termos de gestão de pessoas. Para executar um projeto deste escopo, inicialmente precisa-se contar com o apoio de vários setores, como Cerimonial, Comunicação Institucional, Direção Geral, Gráfica, a equipe da Web para criar o *site* de divulgação do evento, entre outros. Ora, se um dos profissionais do grupo de saúde, com certa trajetória acadêmica, possui desenvolvida sua dimensão gerencial "política" — sabe se comunicar e mantém bom relacionamento com as mais diversas pessoas da empresa — este funcionário pode ser investido da função de gestor do comitê executivo e científico do projeto. Isso quer dizer que, nesta situação "política", suas capacidades comunicacionais potencializam-se mais do que em contextos administrativos e estáticos, por exemplo. Mas, se há na equipe uma pessoa mais reservada e com semelhante inclinação acadêmica? Ela teria que desenvolver competências políticas voltadas para relacionamentos intersetoriais para dar conta do projeto?

De forma alguma. Por que procurar a insuficiência antes da abundância? Mais uma vez, suas capacidades já desenvolvidas podem ser úteis em outras situações. Ela pode ficar mais a frente do Comitê Científico, somando esforços com o primeiro funcionário, sem tempo para se dedicar tão intensamente a todos os detalhes do projeto, considerando os inúmeros contatos demandados pelos vários setores envolvidos na execução do evento. Se há, ainda, uma trabalhadora com desenvoltura administrativa, esta pode compor com aqueles dois profissionais, organizando todo o sistema de licitação que envolverá a contratação da empresa terceirizada que se dedicará a escolher o local mais apropriado para realização do projeto, organizar os trabalhadores responsáveis pela limpeza e segurança do evento, a seleção do *buffet* encarregado dos *coffe breaks,* entre outras tantas tarefas. "Quando a atividade faz sentido para o sujeito, sua adesão está adquirida" (GAULEJAC, 2007, p. 297).

Percebe-se, portanto, o círculo vicioso dos projetos calcados na motivação extrínseca: logo de início, seu viés eminentemente adaptativo induz os sujeitos a serem reconhecidos, *a priori,* como insuficientes — pessoas a serem adaptadas. Se o projeto fracassa, a Organização devolve a mensagem da *certeza* — consolidada empiricamente — da deficiência do trabalhador. Segundo este panorama, projetos baseados na perspectiva metodológica orientada por motivações extrínsecas são inapropriados para as Organizações contemporâneas com crescente quadro de pessoas com depressão no trabalho: a insuficiência — característica da depressão na atualidade (EHRENBERG, 1998; FARAH, 2012) — pode ser não só produzida como reconhecida pela própria empresa. Já na perspectiva da abundância, o gestor não se baseia em pessoas ditas insuficientes, mas, tomando um caminho oposto, procura as capacidades já existentes em seu grupo, potencializando-as de acordo com as situações mais propícias para isso. Mas como começar a mudar a forma vigente da maioria dos gestores se posicionarem frente ao gerenciamento de seu grupo de trabalho?

Três passos, ao menos, são necessários: o primeiro incide na dimensão antropológica, no modo como concebemos o humano; os dois outros passos dizem respeito ao cerne da perspectiva paradigmática. O primeiro consiste, simplesmente, em perceber que as pessoas, na maioria das vezes, ficarão mais motivadas, reconhecendo-se as capacidades já desenvolvidas em vez das insuficiências a serem sanadas. Ora, não é melhor colocarmos em prática o repertório de competências que já temos bem desenvolvidas, acionando nosso próprio senso de familiaridade, tornando mais prazeroso e intuitivo o projeto em que estamos envolvidos — ou não é para realmente nos envolvermos?

Não nos sentiríamos mais úteis para a Organização sabendo que nossas experiências acumuladas em forma de capacidades adquiridas, testemunhas da nossa história — são oportunas no nosso setor de trabalho? Não é evidente que estaremos mais satisfeitos sendo reconhecidos como trabalhadores com plenas capacidades em vez de como colaboradores (sempre) ainda sem as competências necessárias?

O segundo passo é rejeitar o paradigma hierárquico e visualizá-lo como um jogo de forças: de forma horizontal, a liderança situacional do gestor precisa sintonizar-se com pessoas com competências, igualmente situacionais, confluindo esforços para a consolidação do projeto em comum. O terceiro passo é fundamental e torna-se pré-requisito para o anterior: deixar de conceber a competência como um *fim* a ser alcançado e encará-la como um *meio*: ao pensar que os profissionais da empresa já possuem, normalmente, diversas capacidades, não é mais lógico, rápido, producente, econômico e motivador equacionar estas competências já existentes a contextos nas quais elas possam frutificar? E, dando um passo além, isso sendo feito, não bastaria conceder autonomia para estes profissionais agirem, mantendo certo nível de compartilhamento entre o gestor e a equipe — por meio de reuniões semanais e troca de emails, por exemplo — para que o projeto se desenvolva?

Ora, este parece ser o ponto crucial: se eles já possuem competência desenvolvida naquele tipo de situação, já estão prontos para trabalharem com autonomia e liberdade de intervenção na Organização. Se tivessem que participar de um processo de gestão por competências, a capacidade em foco seria recém-conquistada e esta autonomia — tão motivadora — não poderia ainda ser sustentada no decorrer do projeto. Estamos entrando no terreno da motivação intrínseca. Ela parece indicar novas possibilidades para os impasses do gerencialismo contemporâneo discutidos neste trabalho.

Desejamos destacar que os três passos indicados na direção de novas perspectivas gerenciais constituem posicionamentos que combatem os três principais preconceitos da política (ARENDT, 1993), impeditivos, portanto, da enunciação de qualquer discurso político promotor de saúde organizacional. O primeiro — a crítica da ação humana associada a insuficiências a serem permanentemente aperfeiçoadas — consiste na rejeição da visão do indivíduo como tendente ao desvio, ao erro e à violência, necessitando sempre de ser tutelado por autoridades legitimadas ou poderes paradoxais. O segundo abre espaço para uma nova concepção de laço social horizontal, não hierárquico, que não visa nenhum fim específico, articulado como jogo de forças permanente; complementando o segundo, o terceiro rejeita o pressuposto filosófico-jurídico de que os fins justificam os meios, cerne das tecnologias de adaptação do humano a pretensas finalidades superiores e âmago da noção de motivação extrínseca. Os três passos que nos abrem as portas do pensamento político são, portanto, solidários à concepção de motivação intrínseca. O que une esta concepção à possibilidade de um novo paradigma político para as organizações é a noção de autonomia da ação humana.

Da autonomia capturada à autonomia compartilhada

Ao articular estímulos sociais aos individuais, ao levar em consideração o compartilhamento indissociável do incentivo da autonomia e da competência (SHIRKY, 2011), a noção de motivação intrínseca subverte a oposição indivíduo-sociedade. A respeito da perspectiva coletiva, excluída nas empresas, Clot ressalta que o trabalho cria vínculos de sociabilidade — *atividade relacional do trabalho não prescrita* — que o faz acontecer, um esforço de organização de laços sociais. Perder o poder de agir no trabalho é subtrair do sujeito a possibilidade de intervir frente à sua organização (CLOT *apud* CASTRO, 2015). Neste panorama, uma gestão de saúde, alinhada estrategicamente ao gerenciamento de pessoas, deve promover projetos na empresa voltados para a reapropriação da possibilidade dos sujeitos serem ativos na organização do seu trabalho. Todas as intervenções, das pontuais às mais abrangentes, devem se pautar nesta mesma direção, conferindo coerência aos esforços coletivos de combate ao sofrimento nas Organizações. A noção de motivação intrínseca pode oferecer, portanto, bases epistemológicas propícias para projetos orientados para a construção permanente pelos empregados dos sentidos da organização do trabalho.

O que foi destacado é de crucial relevância. Para os trabalhadores, o sentido da ação não corresponde ao modelo da atividade prescrita, como requer as formas de gestão baseadas da eficácia produtiva: o sentido não configura somente "aquilo que eles fazem em seu trabalho, mas aquilo que eles não fazem, aquilo que eles estão impedidos de fazer, aquilo que queriam e poderiam fazer, aquilo que sentem possível de fazer, aquilo que sabem fazer em outro lugar, *junto com outros*" (CLOT *apud* CASTRO, 2015, p. 80-81, grifo nosso). Os argumentos de Clot nos remetem ao que discutimos sobre o que move as pessoas com Shirky. Projetos fomentadores de autonomia individual e compartilhamento social são naturalmente estimulantes. O que se quer dizer, em termos práticos, com isso? Para irmos além das limitações forjadas pelas atividades meramente prescritas, possibilitando aos trabalhadores, participar ativamente da organização do seu trabalho, os componentes da autonomia, competência e compartilhamento parecem oferecer ferramentas a altura deste desafio, ao encontro do que articula Clot. Em outras palavras, projetos que promovem a motivação intrínseca — como os relatados por Shirky (2011) em seus estudos sobre cooperação e generosidade no mundo conectado — fornecem provas do engajamento possível e desejável dos sujeitos, de forma automotivada. Mas, por que apenas realizar esta satisfação "em outro lugar, junto com outros"? Por que não na empresa?

De fato, a experiência da "competência compartilhada" na organização das atividades do *site Grobanites for Charity* é um bom exemplo do que foi ressaltado por Clot. O *site* funcionou como uma "plataforma de engajamento" para fomentar a participação dos interessados. Com autonomia de sugerir ideias tanto no conteúdo das propostas de arrecadação de donativos quanto na própria forma como o *site* seria estruturado, vimos o projeto ganhar notoriedade, sem que nenhum dos seus integrantes principais trabalhasse para ele "oficialmente", recebendo remuneração para isso. O compartilhamento dos desafios e do reconhecimento aos colaboradores dos esforços ali empreendidos constitui peça fundamental para o sucesso da iniciativa. Destaca-se que os envolvidos no projeto trabalhavam nas horas vagas, tendo outras atividades profissionais às quais se dedicarem na maior parte da jornada diária. Como encontravam tempo? Encontrando sentido no desejo genuíno de se dedicarem ao projeto, "junto com os outros", compartilhando a organização do trabalho, estruturada com autonomia e competência.

Entretanto, este engajamento é possível, igualmente, no lugar onde trabalhamos a maior parte do nosso tempo. Um projeto realizado com as Turmas Recursais possibilitou recorrermos aos componentes motivacionais indicados por Shirky como argamassa de suas principais balizas. Utilizamos o Portal ComParTrilhando para marcar reuniões virtuais de tempos em tempos com este grupo de pessoas. Lá, eles poderiam trocar experiências sobre procedimentos diferentes aplicados por cada uma das Turmas Recursais no processamento jurídico na direção ao melhor alinhamento das práticas comuns. Com autonomia, decidiram a estrutura do projeto: teriam um relator, um responsável pela discussão quinzenal e uma das Turmas seria o foco das discussões. Mais do que isso, eles também tiveram voz ativa na elaboração do formato do *lay-out* do *site*, decidindo sobre cores, espaços, quantas salas de discussão paralelas teriam abertas, se a periodicidade dos encontros deveria ser flexível em caso de polêmicas não resolvidas em único encontro, entre outras questões que julgaram relevantes. O projeto foi bem sucedido, representando uma ação pioneira da seção de Desenvolvimento de Pessoas da Divisão de Capacitação em Recursos Humanos. Nesta direção, operar por meio da noção de motivação intrínseca permite que o *gerenciamento de pessoas seja estrategicamente concebido tanto em termos de incremento da produtividade quanto de promoç*ão *de saúde* e de sentido nas Organizações.

O Portal ComParTrilhando não teve o sucesso esperado em sua dimensão interativa, salvo esta experiência bem sucedida, entre outras pontuais, dando provas que seu potencial de engajamento espontâneo e autônomo ainda não pode ser assimilado pela Organização neste momento. Não basta a autonomia na direção de conceder o direito de entrar no Portal na hora que o funcionário deseja; não adianta a liberdade de ação ser sancionada por uma instituição normativa — o que, mais uma vez, celebra uma conduta paradoxal. Os trabalhadores ainda demandam exemplos das autoridades superiores. Se o gestor for assíduo em visitas ao ComParTrilhando, participando de alguma comunidade e deixando lá o seu ponto de vista, certamente aquela unidade de trabalho será uma das frequentadoras mais participantes. Foi o que ocorreu com o programa de cinesioterapia da Divisão de Saúde, mais utilizado pelas funcionárias do que pelos funcionários: o projeto foi mais bem sucedido nas unidades em que o gestor desenvolveu os exercícios em grupo nos intervalos programados com a equipe de fisioterapeutas contratada. Em uma delas, a participação de um desembargador resultou na maior estatística de homens aderindo ao projeto por setor. Isso evidencia que a participação coletiva nesta Organização ainda necessita da chancela do exemplo e da obediência.

Projetos como o Portal ComParTrilhando, visando o engajamento espontâneo na produção de conhecimento, ainda manifestam resistência por parte dos trabalhadores. Considero que a razão principal do projeto ter decolado apenas em sua perspectiva de gestão da informação, mas não na dimensão da gestão do conhecimento, relaciona-se com o pouco investimento da instituição no plano coletivo. Em uma Organização em que os componentes da motivação individual ainda não são alvo de investimento das políticas de saúde e de gestão de pessoas, não se pode esperar que os ingredientes motivacionais coletivos — como compartilhamento, conectividade e generosidade — o sejam. Hoje, eu reveria a proposta inicial com a qual lançamos o Portal ComParTrilhando. Não atrelaria seu conceito ao de gestão do conhecimento devido a uma série de compromissos que ainda mantém com o modelo gerencialista da eficácia produtiva. Portais como este, com possibilidades infinitas para usos os mais diversos, devem ser concebidos como "plataforma de engajamento para promoção de sentido". Acredito que, pelo viés da saúde, entendida como dispositivo estratégico de gestão de pessoas, esta iniciativa ganhe nova repercussão na empresa. Com o exemplo do projeto desenvolvido com as Turmas Recursais, percebemos o potencial do Portal no engajamento de pessoas quando se apropriam da organização do seu trabalho, assim, viabilizando a produção permanentemente do sentido "do que fazem junto com outros", *ali, na empresa*.

O psicanalista inglês Adam Phillips e a historiadora Barbra Taylor (2010), referindo-se às depressões contemporâneas, afirmam que o prazer interditado socialmente pela cultura atual não é mais, evidentemente, o das pulsões sexuais, tal como era na época em que Freud cunhou a psicanálise. Hoje, segundo os autores, o prazer interditado socialmente é a experiência de sentir dependência em relação ao outro ou a qualquer ideal ou atividade que obstrua o caminho da livre independência na contemporaneidade. O novo lugar do deprimido, como fracassado da iniciativa e da autonomia, se constrói em função desta forma, tanto política como subjetiva, de se encarar a dependência atualmente como um mal. Este novo modo de circunscrever a economia dos nossos prazeres incorre em dois erros graves. O primeiro é crer que entre a desejada independência e a repudiada dependência não exista mais nada, nenhuma relação de compromisso entre o que parece a vitória do senso da capacidade individual e o fracasso da fraqueza social — junto com o horror da dependência, rejeita-se igualmente a noção de interdependência. A tese de *On kindness* (PHILLIPS; TAYLOR, 2010) é justamente esta: se na modernidade o prazer interditado pela moral social vigente era a sexualidade, na contemporaneidade a dependência vem ocupando este lugar. Interdita-se, simplesmente, nossa característica mais precoce, familiar e fundadora: antes de sermos seres sexuais somos seres interdependentes. Somos interdependentes do contexto desde que nascemos, e sem ele — sem o ambiente acionado pelos cuidados parentais — não sobreviveríamos. A interdependência é um conceito que evita sucumbirmos aos perigos das ilusões de autossuficiência narcísica propagadas pelos ideais da contemporaneidade, ao mesmo tempo em que não se reduz à dependência, ao pressupor dois *sujeitos juntos — nem dependentes nem independentes*.

O segundo equívoco é negligenciar a direção que este conceito pode nos fornecer para o dilema da captura da autonomia pelo incentivo da independência nas Organizações atuais. Independência, como a marca do sucesso do individualismo, só se imiscuiu à noção de autonomia na atualidade. Mesmo quando a autonomia foi assimilada pela ideia de aperfeiçoamento na modernidade (CALINESCU, 1987), o progresso ainda se dava de forma coletiva — era social. Escapando das malhas discursivas que engendram, por um lado, o sentido pejorativo de dependência, associando-a ao investimento libidinal intenso a um único objeto de desejo que se torna totalitário e, por outro, o ideal de independência como triunfo do sujeito que se constrói a si mesmo, o conceito de interdependência nos devolve o cerne da noção de autonomia: estabelecer as mais diversas relações de dependência possíveis com os mais variados objetos. Afinal, depender só é nocivo quando se elege um objeto de investimento como único, aproximando-se da compulsão — este é o embaraço do sentido de dependência fornecido pelo imaginário social na atualidade. Desta forma, a ideia de *"sujeitos juntos — nem dependentes nem independentes"* ou *"independentes juntos"*, tal como caracteriza a noção de interdependência, compõe uma espécie de "autonomia compartilhada". Esta noção pode ser o ponto de partida para pensarmos um novo paradigma organizacional, tendo a saúde como dispositivo estratégico de gestão de pessoas.

Para um novo paradigma organizacional

A ideia de "autonomia compartilhada" reinsere a noção interdependência no foco das Organizações. Sendo a nossa característica bio-psico-social mais precoce, esta ideia repercute nos cuidados de saúde, podendo ser uma noção estratégica cunhada por esta área na Organização. Por outro lado, é uma ideia cara aos projetos de "desenvolvimento de pessoas", como vimos na promoção de sentido resultante da nova forma de organização do trabalho, efetivada pelas Turmas Recursais, por meio do Portal ComParTrilhando. Mas, o que estamos dizendo? Ela pertence tanto à perspectiva supostamente individual da saúde, quanto a supostamente social da gestão de pessoas: seu próprio conceito fundador — a interdependência precoce (e permanente) entre sujeito e ambiente — impede estas separações, oposições e hierarquias. Autonomia compartilhada é uma noção, portanto, que engloba o campo individual e o campo social, assim como motivação associa-se tanto à psicologia clínica como à psicologia organizacional.

Quando afirmamos que as Organizações atuais necessitam de um novo paradigma das relações de trabalho, empenhamo-nos para a abolição do poder paradoxal, subjacente ao paradigma da eficácia produtiva atual. Ele é gerador de violência e sofrimento ao conjugar autonomia e dependência em discursos paradoxais, sentidos como aprisionadores pelos trabalhadores. Esforçamo-nos, igualmente, para erradicar qualquer resquício do paradigma disciplinar da autoridade tradicional que animou a modernidade, que tenta subordinar a autonomia da ação humana às injunções da dependência e obediência à disciplina prescrita.

Para tanto, o novo paradigma precisa ser relacional numa perspectiva, sobretudo, *não hierárquica*. Tal concepção de mundo, viabilizada por este novo modelo, possibilita a criação de laços de sociabilidade nas Organizações, abrindo espaço para o exercício da atividade relacional do trabalho não prescrita (CLOT *apud* CASTRO, 2015). Tal atividade relacional permite maior autonomia para a permanente produção do sentido do trabalho, de forma compartilhada, por meio da reapropriação do poder de agir do empregado a partir da organização do seu trabalho. Quando afirmamos a urgência deste paradigma *não hierárquico* desejamos destacar tanto a imprudência de remeter a violência — e toda a questão do excesso — ao campo individual, como fez, na modernidade, o paradigma de subjugação da ação humana, legitimado pelo discurso filosófico-jurídico (FOUCAULT, 2002) da autoridade tradicional, quanto o equívoco de apenas inverter a ordem entre dominantes e dominados, circunscrevendo os perigos da violência exclusivamente no campo social. Tal foi a resposta da sociedade contemporânea: uma crítica à subordinação da autonomia humana pelos interesses da sociedade, porém de *forma subparadigmática*, não atingindo, assim, o cerne das ideais de dominação e subjugação que tanto inviabilizam a possibilidade de vivermos e realizarmos atividades juntos na sociedade atual.

Por isso, a passagem da sociedade moderna ou disciplinar para a pós-disciplinar mantém continuidades em relação ao paradigma da modernidade; como afirmou Santos (2001), na introdução a este trabalho, vivemos uma *transição paradigmática*. Não assumirmos uma nova designação para a sociedade que se apresenta, como ocorreu na ruptura entre idade média e moderna, é sintoma desta fase complexa de transição. Esta complexidade — envolvendo os limites ainda confusos da sociedade disciplinar para a pós-disciplinar — se faz atuante quando convivemos com dispositivos ainda característicos do paradigma da modernidade ao lado do atual poder paradoxal. Foucault traz um argumento tão claro quanto inquietante: não há nenhuma saída emancipatória quando a própria resistência se transforma em poder disciplinar, numa opressão consentida, interiorizada (FOUCAULT, 1979). Não é exatamente este impasse que observamos na sociedade pós-disciplinar com a absorção da autonomia pelo ideal social de independência? Não seria outra roupagem da assimilação da autonomia, representada pelo advento da noção de futuro, pela ideologia do progresso, característica do paradigma da modernidade?

Frente à hegemonia do conhecimento regulação sobre o conhecimento emancipatório, o que, nos termos de Foucault, corresponderia à subordinação do discurso histórico-político pelo filosófico-jurídico na modernidade (FOUCAULT, 2002), a única certeza, segundo Santos, é que um novo paradigma só pode advir do conhecimento emancipatório (SANTOS, 2001). Para isso, o autor evoca a necessidade de extirpar os delírios do ideal de ordem absoluta presente no conhecimento totalizante incidente nos dois discursos da modernidade: o primeiro pretende a ordem da regulação social e o segundo visa à ordem da emancipação social. No final do século XX, "encontramo-nos perante a desordem tanto da regulação social como da emancipação social. O nosso lugar é em sociedades que são simultaneamente autoritárias e libertárias" (SANTOS, 2001, p. 26). O autor parece traduzir o cerne da proposta de Gaulejac sobre o poder paradoxal da sociedade pós-disciplinar como, portanto, um efeito da transição paradigmática — uma solução de compromisso, no sentido freudiano de sintoma. A violência em jogo nesta forma de poder paradoxal é onipresente. Não é eliminando o caos — como propuseram as utopias totalitárias da modernidade, localizando-o nos desejos individuais, tampouco invertendo este mesmo raciocínio simplista, projetando-o nos excessos da sociedade, como propôs a contemporaneidade — que nos livraremos, enfim, dos conflitos inerentes à relação entre indivíduo e sociedade.

A violência não tem um lado, nem partido, não produz hierarquias. Tanto ela como o sofrimento psíquico são produzidos por todos, coletivamente, nas Organizações — e o sentido que deles nos liberta também. O novo paradigma relacional parte deste pressuposto, baseando-se numa concepção de laço social caracterizada pelo jogo de forças permanentes (FOUCAULT, 2002). O discurso da psicanálise funda-se na produção coletiva do sentido, tendo como pressuposto esta forma de laço social. "Nela o que se diz sobre o sofrimento depende de como ele se faz reconhecer e é ou não reconhecido pelo outro" (DUNKER, 2015, p. 96). Coerente empiricamente à sua epistemologia, Freud nunca prescreveu o que os seus pacientes deveriam dizer, tampouco por onde eles teriam que começar a narrar sua análise pessoal. Em todas as sessões, fica a cargo do paciente começar a falar do ponto em que deseja iniciar. O dispositivo clínico da psicanálise sempre foi relacional, produzido por dois sujeitos autônomos: a construção do sentido dos sofrimentos dos pacientes cujas histórias seus sintomas tentam nos contar não se orienta por concepções hierárquicas caracterizadas pela autoridade de um sujeito que conhece o seu objeto, que, por sua vez, nada saberia sobre o seu mal-estar. Ao contrário disso, o *setting* analítico ganha corpo em meio à relação de dois sujeitos do conhecimento que, gradativamente, construirão um saber juntos sobre o mal-estar que trouxe o paciente ao consultório. Podemos arriscar aqui dizer que Freud trabalhava segundo a perspectiva da autonomia compartilhada.

Como dissemos na introdução deste trabalho, um paradigma é um recorte, um modelo de concepção do mundo que escolhe certas premissas e compromisso éticos, epistemológicos e políticos, excluindo, invariavelmente, outras possibilidades. Em outras palavras, por ser um enquadre, por natureza excludente, a ótica do paradigma é menor em relação ao que existe na realidade. Da mesma forma que na perspectiva pragmática, como vimos, são os componentes estimulantes da motivação intrínseca que são excluídos da organização do trabalho, podemos postular a mesma indagação diante da perspectiva paradigmática: o que os dois produtos culturais analisados neste trabalho (ZORZANELLI, 2015), que formam e informam sobre o poder paradoxal que perpassa as Organizações contemporâneas, deixam de fora das suas prescrições técnicas e agendas políticas?

O imaginário da eficácia produtiva exclui o sujeito como produtor do conhecimento na organização do seu trabalho. Comprometido ainda com o modelo cientificista, funda-se na concepção de um sujeito racional (a empresa) que prescreve como as atividades devem ser realizadas por meio, por exemplo, de técnicas pretensamente científicas de medição do comportamento dos seus supostos objetos. Já o DSM deixa de fora, sobretudo, o conceito de neurose. Por trás deste conceito, ele exclui dois pontos fundamentais: a visão de mundo da psicanálise, calcada na noção de *sujeito do conflito*, que precisa criar permanentemente sentido para o seu mal-estar, e as possibilidades abertas por ela na direção de um paradigma relacional cujo laço social baseia-se na construção do conhecimento de "sujeito a sujeito" (SANTOS, 2001). Por fim, ambas as produções culturais rejeitam com virulência a participação do contexto social na produção do sofrimento, abrindo espaço, por outro lado, para a proliferação de tecnologias de adaptação, sejam relacionadas ao sofrimento causado pela depressão ou ao ambiente estressor do trabalho. O novo paradigma organizacional, de cunho eminentemente relacional, portanto, tem como horizonte a reapropriação do que ficou de fora destas duas produções culturais que alimentam e são alimentadas pela sociedade contemporânea. Solidário epistemologicamente às teorias do reconhecimento social, o discurso psicanalítico ao lado da noção de autonomia compartilhada são, sem dúvida, pontos de partida valiosos para a tarefa de por em ação — de forma radicalmente não prescritiva — o novo paradigma organizacional.

Considerações finais (ou quem tem medo do conflito?)

A principal característica da depressão na contemporaneidade é inserir-se numa trama paradoxal. Quando o paradoxo se imiscui no próprio jogo de linguagem pelo qual o sujeito se compreende *deprimido,* faz-se urgente a produção de novos sentidos para sair deste panorama. O impasse que se insere na semântica da depressão atual diz respeito à oscilação identificatória entre ser reconhecido como objeto de uma doença e, simultaneamente, ser completamente responsável por esta mesma doença. Por um lado, remetendo-as à condição de objeto, na atualidade há fortes interesses das indústrias de medicamentos de que as pessoas não se culpabilizem por seu sofrimento (EHRENBERG, 1998; DUNKER, 2015), não se sintam sujeitos do seu mal-estar, mas vítimas de uma doença: como vimos, "eu tenho depressão" vem ocupando o espaço onde, antes, no caso das neuroses, se escutava "eu sou neurótico (e preciso dar conta disso)". O que se verifica empiricamente no campo social se constata paradigmaticamente no DSM, um dos produtos culturais mais relevantes para a compreensão da depressão como fenômeno social: a noção de sujeito da neurose, que engendrou a implicação culposa do indivíduo moderno frente ao seu sofrimento, foi banida do Manual. Reitera-se, deste modo, literalmente, a impossibilidade do indivíduo se outorgar sujeito do seu sofrimento.

Por outro lado, constatamos que a experiência de *vítima da depressão*, como insistem os discursos do DSM e das indústrias de medicamentos, passa longe do indivíduo que padece deste mal-estar. Toda a sociedade — inclusive ele mesmo — remete a responsabilidade do sofrimento a ele próprio: o seu superior hierárquico, as novas tecnologias de gestão, alguns profissionais de saúde equivocados, possivelmente muitos dos futuros profissionais de psicologia. *Diante deste paradoxo, toda a sociedade parece assustadoramente assediadora quando desresponsabiliza as pessoas de se sentirem sujeitos do seu sofrimento e, ao mesmo tempo, levam-nas a acreditar que são as* únicas *responsáveis por seu padecimento*. A depressão não é apenas uma doença da responsabilidade (EHRENBERG, 1998), mas de uma responsabilidade paradoxal.

Sendo e não sendo responsável pelo seu sofrimento, oscilando entre a condição de objeto e sujeito do seu mal-estar, o indivíduo deprimido nada faz, paralisa. Como vimos, não é mais a baixa do humor a primeira queixa que se escuta nos consultórios psiquiátricos, mas a exaustão vinculada ao impasse da capacidade de agir. É assim que um indivíduo se reconhece e é reconhecido como alguém que tem depressão na atualidade: "ele não faz mais nada, está deprimido". Representando um sintoma mais predominante na contemporaneidade, com manifestações inibitórias presentes em quadros correlatos, como as síndromes de pânico e fobias sociais, a paralisia da ação, característica principal da depressão atual, não poderia ser concebida como uma ressonância, também, de uma cultura assediadora, produtora de paradoxos, da qual o sujeito tem dificuldade de se desvincular? Cultura assediadora, bem entendido, que oferta, por todos os lados, linguagens duplas e, ainda, ao mesmo tempo, limita a possibilidade do indivíduo produzir sentidos capazes de elaborar seu sofrimento.

A produção de novos sentidos para romper com este panorama sombrio só se efetiva desarticulando esta forma de poder paradoxal. "A gestão recuperará credibilidade se, mais do que legitimar os paradoxos do poder gerencialista, ela produzir um conhecimento que permita compreendê-lo" (GAULEJAC, 2007, p. 295). Os profissionais de saúde ainda são os mais indicados para se aliarem tanto à gestão como ao conjunto de trabalhadores para contribuir na reversão deste cenário. Tendo em vista a participação privilegiada dos discursos do poder gerencialista e da saúde mental, representado, sobretudo pelo DSM, na produção dos contornos da depressão do trabalho na atualidade, os psicólogos que atuam em organizações — tanto na vertente organizacional quanto na de saúde — possuem um papel relevante como agentes de mudança neste processo. Cabe, porém, a pergunta: esta separação presente na formação do profissional de psicologia, entre o campo da saúde e o organizacional, é pertinente para viabilizar intervenções necessárias nas empresas? O fim desta divisão não seria mais operativo para a aquisição de uma visão mais ampla e política sobre a articulação dos dispositivos discursivos do DSM e do gerencialismo contemporâneo, que, em termos epistemológicos e paradigmáticos, nunca, de fato, mantiveram-se separados?

A transformação deste panorama tem que advir desde a base da intervenção, do próprio território de reconvocação à ação do sujeito deprimido: para contribuir na produção do conhecimento que desarticule o poder paradoxal nas organizações contemporâneas, tanto os profissionais de saúde como, especificamente, os de psicologia precisam operar em termos de simultaneidade, rejeitando hierarquias, separações e oposições. A contraposição entre psicologia da saúde e psicologia organizacional ou do trabalho, como sintoma da separação indivíduo/sociedade, *não faz mais sentido*. Nesta perspectiva, uma escuta clínica da empresa, capaz de promover saúde organizacional, de forma abrangente e integrada, impõe-se tanto como necessária quanto como urgente. A oposição entre os interesses individuais e coletivos, cujo vínculo social, na modernidade, foi construído em termos hierárquicos, e, na contemporaneidade, por meio de discursos paradoxais, precisa ser articulada como formação de laço social em jogo de forças permanente. Em outras palavras, o campo da psicologia atuará inserido no paradigma relacional no qual sujeito e contexto social, em *conflito constante*, são cocriadores tanto do sofrimento quanto do sentido produzido para combatê-lo.

A viabilidade deste desafio é proporcional à nossa capacidade de recolocar o conflito no lugar que ele deve ocupar — de categoria central de qualquer pensamento político ou política organizacional. O sujeito do conflito foi banido do paradigma vigente. Sequestrado do DSM, a partir do fim da categoria de neurose, e paralisado nas Organizações contemporâneas pelo poder paradoxal engendrado pelas novas formas de gestão, ele precisa ressurgir no cerne do paradigma relacional. Entretanto, a história da evitação da presença do conflito no laço social tem um longo rastro. Ele foi exilado também do paradigma moderno hegemônico, da sua vertente progressista, legitimada pelo imaginário cientificista e pelo discurso filosófico-jurídico (FOUCAULT, 2002). Não é idealizando a integração entre os interesses do indivíduo e da sociedade, por meio da subjugação dos primeiros pelos segundos, como pretendeu o vínculo social do imaginário da modernidade, disseminando a ilusão da harmonia final de desejos irreconciliáveis (FREUD, 1929), que o conflito será sanado nas Organizações. Tampouco, será encapsulando a dicotomia indivíduo e sociedade em conflitos paralisantes por meio de injunções paradoxais, como intervém a contemporaneidade, que a violência organizacional será bem direcionada — como no exemplo do sujeito que responde pelo ônus do seu sofrimento e, ao mesmo tempo, nada precisa responder considerando ser objeto de uma doença produzida pela sociedade. Não é, no mínimo, curioso que tanto a permanência ruidosa do conflito como a pluralidade de possibilidades abertas pela autonomia da ação humana foram banidas, *juntas*, tanto do paradigma hegemônico da modernidade quanto do imaginário do poder paradoxal contemporâneo?

Quando as pesquisas de clima organizacional apontam a necessidade de administrar os conflitos interpessoais como o principal problema a ser resolvido nas empresas, isso nunca significou aniquilá-los ou "zerá-los", como meta de qualidade de vida, como propõe a contemporaneidade e idealizou a modernidade. Se esta solução fosse adequada, as pesquisas não indicariam recorrentemente o mesmo diagnóstico. Como postulou Freud (1914), e pode nos servir como um dos principais norteadores da escuta clínica nas organizações, repete-se o que não conseguimos elaborar em termos psíquicos. A recorrência do mesmo diagnóstico em pesquisas de clima é signo não apenas de um sintoma organizacional, mas de um impasse paradigmático. Não é difícil concluir a razão deste resultado nas pesquisas, articulando os impasses da comunicação e dos conflitos nas empresas contemporâneas: se a meta é "zerar conflitos", a Organização está transmitindo um paradoxo quando comunica este objetivo. Ora, conflitos são inerentes à dinâmica social — aniquilá-los engendra um discurso paradoxal. Se a resposta a este problema fomenta uma injunção paradoxal, ela reproduz mais do que conflitos organizacionais, ela gera violência. A terceira via para o encaminhamento desta questão nas Organizações — a concepção de laço social como jogo de forças permanente — é a única que considera a autonomia da ação humana como parte constitutiva deste panorama e exige exatamente o caminho oposto: a integração do conflito ao imaginário corporativo.

Em *O mal-estar na civilização* (1929), Freud é categórico quanto as três fontes de sofrimento humano que nunca poderemos dominar: "o poder superior da natureza, a fragilidade dos nossos próprios corpos e a inadequação das regras que procuram ajustar os relacionamentos mútuos dos seres humanos, da família e do Estado" (1929, p. 105). As organizações não podem mais negar o principal pressuposto do pensamento freudiano de que o conflito é inerente ao sujeito e ao contexto social e nunca será totalmente dominado por nenhum ideal social. Assumir o conflito como parte legítima da empresa constitui, portanto, condição inapelável para assimilarmos a pluralidade de desejos e motivações divergentes dos trabalhadores que nela habitam. Contudo, qual a razão de tanto temor frente a esta perspectiva?

Não há motivo para o receio em admitirmos a permanência do conflito como eixo do laço social. Ele não quer dizer anarquia, tampouco revolução, nem violência — não possui nenhum sentido intrínseco. Significa apenas a presença de jogos de forças, caracterizados por diferentes interesses, que necessitam constantemente ser vistos, reconhecidos e encaminhados no campo social. Já a violência caracterizou tanto o laço social das empresas modernas quanto nas Organizações contemporâneas, como constatamos, no primeiro caso, com o taylorismo (CASTRO, 2015) e, no segundo, com a virulenta ascensão do assédio moral como tecnologia de gestão na atualidade (GAULEJAC, 2007). A passagem do conflito para a violência instituída é, antes, portanto, sintoma *da não integração do conflito* à dinâmica organizacional. Não é isso o que acontece quando o DSM retira do sujeito a perspectiva do conflito e o lança à violência do paradoxo de ser objeto de uma doença da qual, em última instância, ele próprio é reconhecido como o único responsável?

Rejeitar a noção política de *conflito* do cerne do DSM e das práticas do gerencialismo contemporâneo pode resultar em discursos paradoxais fomentadores de violência. Para se tratar a violência em jogo nas empresas atuais, constitutiva do crescente sofrimento psíquico dos seus integrantes, é necessário que os conflitos sejam permanentemente reconhecidos e, então, direcionados e significados pelos seus trabalhadores. O sonho moderno e ainda atual da autonomia da ação humana impõe, como pré-condição, esta tarefa. Ocupando o lugar de agentes institucionais privilegiados tanto para convocar o sujeito à ação nas empresas quanto para intervir nos conflitos inerentes aos quadros de depressão no ambiente de trabalho, gestores e profissionais de saúde têm muito a contribuir, juntos com os trabalhadores, na edificação deste novo panorama. A perspectiva da promoção de saúde — entendida como dispositivo estratégico de gestão de pessoas — pode constituir argamassa privilegiada para sedimentar as bases deste novo paradigma organizacional.

REFERÊNCIAS BIBLIOGRÁFICAS

AGAMBEN, G. *Estado de exceção*. São Paulo: Boitempo, 2003.

ARAUJO, A. *Assédio moral organizacional*. São Paulo: LTr, 2012.

ARENDT, H. *Entre o passado e o futuro*. São Paulo: Perspectiva, 2003.

_____ . *Qu'est-ce que la politique?* Paris : Éditions de Seuil, 1993.

ASSIS, A . *Implicações gerenciais para o sentido do trabalho: um olhar sobre a questão da liderança nas Organizações*. 2004 Dissertação de mestrado em Administração. Fundação Getúlio Vargas. Escola Brasileira de Administração Pública e de Empresas, Rio de Janeiro, 2004.

BEZERRA, B. A psiquiatria contemporânea e seus desafios. In: R. ZORZANELLI, J. COSTA, B. BEZERRA (Orgs). *A criação de diagnósticos psiquiátricos na psiquiatria contemporânea*. Rio de Janeiro: Garamond, 2015.

BIRMAN, J. *Mal-estar na atualidade. A psicanálise e as novas formas de subjetivação.* Rio de Janeiro: Civilização Brasileira, 2000.

BOOG, G. *Manual de treinamento e desenvolvimento*. São Paulo: Pearson Makron Books, 2004.

CALINESCU. M. *Five faces of modernity*. Durham: Duke University Press, 1997.

CASTRO, F. Por uma transformação paradigmática no âmbito da Psicologia do Trabalho. In: CASTRO, ALVIM. *Clínica de situações contemporâneas*. Curitiba: Juruá Editora, 2015.

CICCONE, A FERRANT, A. *Honte, culpabilité et traumatisme*. Paris: Dunod, 2009.

COMPARATO, F. Ética: direito, moral e religião no mundo moderno. São Paulo: Cia das Letras, 2009, 2006.

COSTA, J. As fronteiras disputadas entre normalidade, diferença, patologia. In: R. ZORZANELLI, J. COSTA E B. BEZERRA (Orgs.) *A criação de diagnósticos psiquiátricos na psiquiatria contemporânea*. Rio de Janeiro: Garamond, 2015. (1998).

_____ . Narcisismo em tempos sombrios. In: BIRMAN, J. (Coord). *Percursos na história da psicanálise*. Rio de Janeiro: Tauros, 1998. p.151-174.

DEJOURS, C. *A banalização da injustiça social*. Rio de Janeiro: FGV, 2007.

DELEUZE, G. *Pourparlers*. Paris: Les Éditions de Minuit, 1990.

DUNKER, C.A neurose como encruzilhada narrativa". In: R. ZORZANELLI, J. COSTA, B. BEZERRA. *A criação de diagnósticos psiquiátricos na psiquiatria contemporânea*. Rio de Janeiro: Garamond, 2015.

EHRENBERG, A. *La fatigue d'êtresoi. Depression et société*. Paris: Edile Jacob, 1998.

_____ . *Le culte de la performance*. Paris: Pluriel, 1995.

EVERDELL, W. *Os primeiros modernos*. São Paulo: Record, 2000.

ENRIQUEZ, E. *Les jeux du desir et du pouvoir dans l'entreprise*. Paris: Desclée de Brower, 1998.

FARAH, B. Depressão e vergonha: contrafaces dos ideais de iniciativa e independência na contemporaneidade. In: HERZOG, PINHEIRO E VERZTMAM (Orgs). *Sentimentos Narcísicos*. Rio de Janeiro: Cia de Freud, 2012.

FARAH, B, HERZOG R, MOGRABI, D. Da superação à simultaneidade: crise e política no pensamento freudiano. In: BASTOS, A (Org). *Psicanalisar hoje*. Rio de Janeiro: Contra-capa, 2006.

FOUCAULT, M. *Em defesa da sociedade*. São Paulo: Martins Fontes, 2002.

_____ . *Microfísica do poder*, Rio de Janeiro: Graal, 1979

FRANCO, E. O novo mundo da gestão por competências. *Aspectos recentes da economia e da política brasileiras*. São Paulo, n. 3, out. 2006

FREITAS, M. *Cultura Organizacional:* identidade, sedução e carisma? Rio de Janeiro: Editora FGV, 1999.

FREUD, S. *A interpretação dos sonhos*. Rio de Janeiro: Imago, 1900. V. IV (Edição Standard das Obras Completas).

_____ . *Moral sexual civilizada e doença nervosa dos tempos*. Rio de Janeiro: Imago, 1908. V. IX (Edição Standard das Obras Completas).

_____ . *Totem e tabu*. Rio de Janeiro: Imago, 1913. V. XIV (Edição Standard das Obras Completas).

_____ . *Formulações sobre os dois princípios do funcionamento mental*. Rio de Janeiro, Imago, 1911. V. XII (Edição Standard das Obras Completas).

_____ . *Recordar, repetir e elaborar*. Imago, 1914. V. XIII (Edição Standard das Obras Completas).

_____ . *Para introduzir o narcisismo*. Rio de Janeiro: Imago, 1914. V. XV (Edição Standard das Obras Completas)

_____ . *Luto e melancolia*. Rio de Janeiro: Imago, 1917. V. XV (Edição Standard das Obras Completas).

_____ . *Além do princípio do prazer*. Rio de Janeiro: Imago, 1920. V. XVIII (Edição Standard das Obras Completas.

_____. *O ego e o id.* Rio de Janeiro: Imago, 1923. V. XIX (Edição Standard das Obras Completas)

_____. *O mal-estar na civilização.* Rio de Janeiro: Imago, 1929. V. XXI (Edição Standard das Obras Completas).

_____. *Explicações, aplicações e orientações.* Rio de Janeiro: Imago, 1932. V. XXII (Edição Standard das Obras Completas).

GAULEJAC, V. *Gestão como doença social:* ideologia, poder gerencialista e fragmentação social. São Paulo: Ideias e Letras, 2007.

GASPAR, D.; PORTÁSIO, R. Liderança e coaching. *Revista de ciências Gerenciais.* São Paulo, Anhaguera Educacional, V. XIII, n. 18, p 17-41, 2009.

GREEN, A. Énigmes de la culpabilité, mystère de la honte. *Revue Française de Psychanalyse: Honte et culpabilité.* Paris: PUF, dezembro, tomo LXVII p. 1.639-1.653, 2003.

HELLER, A. *O homem do Renascimento.* Lisboa: Olho D'água, 1981.

HERZOG, R; PINHEIRO, T; VERZTMAN, J. *Vergonha, culpa, depressão contemporânea e perdão.* (Projeto de pesquisa do NEPECC-UFRJ). 2010. Disponível em: <http://www.uva.br/trivium/edição1/pesquisa/1-vergonha-culpa-depressao-contemporanea-e-perdao-ufrj.pdf>.

HONNETH, A. *Sofrimento e indeterminação.* São Paulo: Esfera Pública, 2007.

LACAN, J. *O eu na teoria de Freud e na técnica da psicanálise. Seminário 2.* Rio de Janeiro: Jorge Zahar, 1985.

LAPLANCHE, J; PONTALIS, J. *Vocabulário de psicanálise.* São Paulo: Martins Fontes.

LIPOVETSKY, G. *Os tempos hipermodernos.* São Paulo: Barcarolla, 1992, 2004.

LOPES, D. Neoliberalismo como exceção ou exceções ao neoloberalismo? *Revista brasileira de ciências sociais.* V. 24, n. 69, p. 186-190, 2009.

MARTINS, F. Entre os abismos da melancolia e depressão — o Eu abismado e o campo das timopatias. *Tempo psicanalítico.* Rio de Janeiro, V. 42. n. 1, 2010.

MOTTA, P. Gerentes e líderes: construindo habilidades específicas. Rio de Janeiro: Fundação Getúlio Vargas, 2003.

NEPECC — Núcleo de Estudo em Psicanálise e Clínica da Contemporaneidade. Disponível em: <http://nepecc.psicologia.ufrj.br/>.

NEVES, M. Reestruturação produtiva, qualificação e relações de gênero. In: ROCHA, M (Org). *Trabalho e gênero*: mudanças, permanências e desafios. São Paulo: Ed 34, 2000, p. 178.

PLASTINO, C. *O primado da afetividade:* a crítica freudiana do paradigma moderno. Rio de Janeiro: Relume Dumará, 2001.

PHILLIPS, A. *Beijos, cócegas e tédio*: o inusitado da vida a luz da psicanálise. Rio de Janeiro: Cia das letras, 1996.

PHILLIPS, A; TAYLOR, B. *On Kindness*. Londres: Hamish Hamilton, 2010.

PORTO, J. Conceito e diagnóstico. *Revista Brasileira de Psiquiatria*. São Paulo, v. 21 s. 1, 1999.

PROSCURCIN, P. O fim da subordinação clássica no direito do trabalho. *Revista LTr*, São Paulo, n. 3, p. 288, mar. 2001.

ROSSI, P. *Náufragos sem espectador*: a ideia de progresso. São Paulo: UNESP, 1998.

SANTOS, B. *A crítica da razão indolente:* contra o desperdício da experiência. São Paulo: Cortez Editora, 2001.

SENNETT, R. *A corrosão do caráter:* conseqüências pessoais do trabalho no novo capitalismo. Rio de janeiro: Record, 1999.

SHIRKY, C. *A cultura da participação:* criatividade e generosidade no mundo conectado. Rio de Janeiro: Zahar, 2011.

SOLOMON, A. *O demônio do meio-dia*: uma anatomia da depressão. São Paulo: Cia das Letras, 2014.

TEIXEIRA, M. O supereu e o imperativo de gozo. 2010. Disponível em: <www.campopsicanalitico.com.br/.../Supereu_e_o_imperativo_de_goz1.doc>.

TOURAINE, A. *A crítica da modernidade*. Petrópolis: Vozes, 1999.

VERZTMAN, J. *Vergonha de si e fobia social*. Anais de congresso. 2006. Disponível em: <htpp://www.fundamentalpsychopathology.org/anais2006/4.44.3.1.htm>.

WAKEFIELD, J; HORWITH, A. *A tristeza perdida*. Como a psiquiatria transformou a depressão em moda. São Paulo: Summus, 2010.

ZIZEK, S. *Le sujet qui fâche. Paris: Flammariou, 1999.*

ZORZANELLI, R. Sobre os DSM's como produtos culturais. In: R. ZORZANELLI, J. COSTA E B. BEZERRA (Orgs). *A criação de diagnósticos psiquiátricos na psiquiatria contemporânea*. Rio de Janeiro: Garamond, 2015.

Posfácio

Há pouco mais de dois anos, no início do exercício de função gerencial na mesma Organização em que labuta e reflete o autor deste livro, deparei-me, em artigo, com questões levantadas pela leitura d'*O Processo*. Se a intenção daquele autor, magistrado a falar de obra pouco condescendente com o Sistema Judiciário, era provocar, saiu-se satisfatoriamente, ao menos sobre mim. Lera a obra de Franz Kafka há cerca de vinte anos, no término da faculdade de medicina; nos últimos dez anos tento encontrar lugar e voz para um profissional de saúde no mundo dos tribunais. Como seria reler esta obra, munido do peso dos anos, coloridos pela singularidade da trajetória?

Escolhi nova tradução, de Modesto Carone, reconhecidamente mais fiel à premeditada secura do original. Tenho ainda a memória quase física da vertigem provocada pela nova leitura: o que fora, aos olhos do futuro médico pronto para se especializar em psiquiatria, um provável quadro de paranoia, pareceu agora — mesmo se traços sugestivos de delírio persecutório se mantenham firmes em vários trechos — tão mais plausível com sistemas históricos, passados e presentes, tão mais verossímil. A obra se eleva, sem necessariamente ultrapassar, da saúde mental do pobre Josef K. ao patamar de alegoria e profecia, portanto, de denúncia. Reconhecer muito de nossas Organizações na letra fria do autor tcheco é mais um dos incômodos de sua literatura.

A partir daí, tomei fôlego para acrescentar às *Metamorfose* e *Carta ao Pai*, outras como *O Castelo* e *O Veredicto*. Tornou-se mais clara a transição da presença sufocante do pai, biográfico n'*A Carta*, fictício, mas não menos aterrorizante, n' *O Veredicto*, para a da Administração, inalcançável, quase etérea, d'*O Castelo* e do Sistema Judiciário, circular, labiríntico, de onde não se sai, e assim, inevitável e paradoxalmente injusto, d' *O Processo*. Retrato de instituições, como a família, e de Organizações — num *continuum* repleto de significados! — como potenciais geradoras de opressão e patologias.

N'*O Veredicto*, a crise de fúria do pai se converte no julgamento informal do protagonista, tão imerso nas categorias de neurose, conflito e culpa que, diante das vagas acusações, aceita a condenação à morte por afogamento e se atira da ponte declarando seu amor pelo juiz-algoz! Sobra-nos o mesmo espanto despertado por Josef K. quando entendemos não ser possível sair de seu processo, mas sim conviver com ele, talvez até o fim de seus dias, algo intolerável para um exemplar representante das categorias depressão, insuficiência e vergonha, sendo preferível abreviar seus dias a viver envergonhado, ainda que lhe sobre ser executado "como um cão".

As reflexões de Bruno Farah parecem dar consistência teórica ao mal-estar kafkiano. Radiografia do quanto as Organizações podem ser opressoras e, consequentemente, patogênicas, de formas diferentes em contextos distintos. Como profissional de saúde, sabe da importância do bom diagnóstico para a eficácia do tratamento, e a análise desta transição de categorias é das mais relevantes contribuições de seu livro. Entretanto, o cerne da questão continua a ser, para Bruno Farah e para Kafka, mais do que encontrar o melhor remédio, o da admissão das Organizações poderem sempre vir a ser patogênicas e, portanto, necessitarem de constante "tratamento".

Quem busca suas origens de fato se preocupa com seu fim. O *de onde viemos?* é tão mais inquietante por conter o *quem somos?* e engendrar o *para onde vamos?* Dos mitos das Origens às pesquisas sobre o Big Bang, sempre pairam inquietação com o presente e preocupação com o futuro, na esperança do caminho até aqui nos ser, de alguma forma, útil daqui em diante.

O mito original a mais impregnar nossa cultura, de matriz judaica desdobrada na Europa cristã — um pouco como Kafka, judeu em pleno Império Austro-Húngaro do final do século XIX — é indubitavelmente o do Gênesis bíblico, *Bereshit* da Torá. Nele, terminada a criação e o, merecido!, descanso no sétimo dia, constatou o criador a esterilidade de sua obra, "não havia ainda nenhum arbusto dos campos sobre a terra e nenhuma erva dos campos tinha ainda crescido", e a razão era simplesmente "porque não havia homem para cultivar o solo" (Gn 2; 5). Assim, há incompletude no mundo como o vemos, a despeito da pretensa perfeição de um criador ou do deslumbre das leis físico-químicas. Algo a ser, ainda que imperfeitamente, ajustado pela obra de nossas mãos, por nosso lavrar do solo.

O ser humano é então criado e colocado em um jardim "para o cultivar e o guardar" (2;8). Sabedores da origem semítica do texto, ou seja, de um povo habitante de regiões desérticas e inóspitas, fica fácil entender a metáfora, um local com águas abundantes em que o próprio criador "fez crescer toda espécie de árvores formosas de ver e boas de comer" (2; 9). Não espanta os leitores do texto passarem a chamar o jardim de paraíso.

E mesmo no paraíso, o ser humano trabalhava! Como só se mantem um jardim pelo cultivo, o local permanecia um paraíso em decorrência do próprio trabalho. Os estudiosos bíblicos sempre entenderam que havia trabalho, mas a terra era boa e fértil e o labor, por consequência, prazeroso e sem fadiga. Ou, como postulou o poeta inglês Milton, um justo cansaço que tornava o descanso, ao fim do dia, ainda mais agradável (*O Paraíso Perdido*, IV; 325-335).

Sem cair nas polêmicas de gênero, ademais interessantíssimas, mas fora do escopo destas linhas, o fato é que, após a queda, ao condenar a serpente, a mulher e o homem, nesta ordem, a maldição do último não recai propriamente sobre ele, mas sobre a terra, atingindo o trabalho: "maldito é o solo por causa de ti! Com o sofrimento dele te nutrirás todos os dias de tua vida (...). Com o suor de teu rosto comerás teu pão até que retornes ao solo (...)".

Assim, o trabalho não é maldito, mas suas condições foram amaldiçoadas. A diferença comporta a possibilidade de atenuarmos a maldição, caminharmos (poeticamente "de volta") ao paraíso, entendido como mito original e arquétipo do ideal. O Norte não serve de porto final, mas de elemento "norteador" das bússolas, a fim de tornar a viagem mais segura. O mito do paraíso — como qualquer outro norte, inalcançável mas imprescindível — coloca-nos o desafio de abençoar as condições de trabalho afim de torná-lo mais prazeroso e seu descanso mais suave e menos suado. Bruno Farah vem se juntar aos ministros seculares da benção (ou exorcistas céticos contra maldições?) nesta tarefa, impossível mas imprescindível.

Ter sido chamado para escrever este posfácio foi, além de honra, motivo de alívio. Dentro de Organização tão complexa (já revelava Kafka!), e na condição de gestor do próprio autor do livro, pareceram então frutuosos os esforços de me manter distante da figura do pai-juiz (tenho em minha história pessoal exemplo infinitamente melhor!) e de gerenciar o mais longe possível do modelo do labirinto-sem-sentido. Foram, e são, meus nortes, cotidianamente capazes de me devolver à humildade de sabê-los, ainda que imprescindíveis — não custa repetir —, sempre inalcançáveis.

A despeito das polêmicas levantadas no primeiro capítulo, merecedoras de muito diálogo já escrito e de novos livros (quem sabe?), é fato podermos proporcionar aos nossos pacientes, seja na terapia da palavra inaugurada pelo mestre de Viena, seja pelos fármacos disponíveis — além de tantas outras formas, dentro das áreas *psis* ou na saúde como um todo — maior alívio em suas dores e mais dias às suas, sempre curtas, vidas. O desafio proposto pela Psicologia do Trabalho a todos os envolvidos, sobremaneira aos profissionais de saúde, é de tratarmos as Organizações como pacientes: diagnósticos corretos, particularizados para contextos diferentes, terapêuticas adequadas, atenção à armadilha do *furor curandis* (não "voltaremos" ao paraíso!) e, quando indicado, cuidados paliativos. Para encurtar a frase, o desafio de tratarmos as Organizações.

Finalizo reverente ao pensamento de Freud, pois mesmo se discutível (e todo pensamento tem de ser discutível para não virar dogma) à luz de novos conhecimentos, atores, ideologias e interesses no grande palco da contemporaneidade, permanece fonte de inesgotável inspiração. Prova disto é o de quão longe reflexões, brotadas de escutas analíticas e de conceitos como narcisismo e drama edípico, puderam adentrar nas realidades organizacionais e gerenciais neste pequeno (e notável! desculpem, não resisti...) opúsculo. Assim, como não citar a famosa frase de *Análise Terminável e Interminável*, na qual postula como objetivo terapêutico devolver ao ser humano a *capacidade de amar e trabalhar*. E, irreverente, pergunto, após a leitura, se o objetivo do tratamento das Organizações não seria devolver aos trabalhadores *a capacidade de amar o seu trabalhar*.

Dimas Soares Gonçalves
Médico psiquiatra, perito e servidor da Justiça Federal.

Produção Gráfica e Editoração Eletrônica: GRAPHIEN DIAGRAMAÇÃO E ARTE
Projeto de Capa: FABIO GIGLIO
Impressão: PIMENTA GRÁFICA E EDITORA